Jürgen Fischer

Sexuelle Liebe mit 50+

Jürgen Fischer

Sexuelle Liebe mit 50+

Tantra und energetische Liebe für erwachsene Menschen

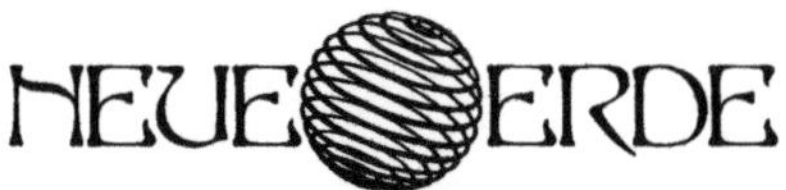

Bücher haben feste Preise.

2. Auflage 2025

Jürgen Fischer
Sexuelle Liebe mit 50+

Umschlag:
Fotos: Squaredpixels/istockphoto.com,
coka/shutterstock.com (hinten)
Gestaltung: Dragon Design, Elbe

Satz und Gestaltung:
Dragon Design, Elbe
Gesetzt aus der Minion

Gesamtherstellung: Libri Plureos GmbH, Hamburg
Printed in Germany

ISBN 978-3-89060-680-4

Neue Erde GmbH
Cecilienstr. 29 · 66111 Saarbrücken
Deutschland · Planet Erde
www.neue-erde.de · info@neue-erde.de

Inhalt

Einführung

Ich möchte über Sexualität sprechen – zu dir und deinem Partner beziehungsweise deiner Partnerin. Ich möchte dich inspirieren, dich auf einige Gedankengänge einzulassen und das gesamte Thema Sexualität noch einmal neu aus verschiedenen Blickwinkeln zu betrachten. Ich habe über diese Themen mit vielen Menschen geredet, die das Bedürfnis haben, sich angemessen und intelligent über das Thema Nummer Eins auszutauschen.

Ich bin kein Therapeut, kein professioneller »Sexual-Fachmann«, ich führe zum Thema Sexualität keine speziellen Seminare durch und biete keine Übungen und schon gar keine Gruppenerfahrungen an. Was ich hier beschreibe, ist das Ergebnis vieler Gespräche mit interessierten Menschen und vor allem meiner eigenen Erfahrungen und jahrzehntelanger, intensiver praktischer und theoretischer Auseinandersetzung mit der Frage: »Was ist eigentlich gesunde, erfüllende Sexualität?«

Ich möchte dich auch mit einer neuen ganz praktischen Sicht auf die Sexualität vertraut machen: der *energetischen Liebe*. Es könnte sein, dass du durch das, was ich hier beschreibe, zu neuen Einsichten gelangst und damit dem sexuellen Glück, dem Erleben sexuell erfüllter Liebe, neue Chancen gibst, die innerhalb deiner charakterlichen Möglichkeiten und den Möglichkeiten deines Partners oder deiner Partnerin liegen. Ob und in welcher Form ihr meine Gedanken nutzen könnt, liegt ganz bei euch, an den charakterlichen Bedingungen, die ihr in eure Beziehung einbringt und am Grad der gesellschaftlichen Kontrolle, die auf euer sexuelles Leben Einfluss nehmen kann.

Dieses Buch ist ganz bewusst in einem sehr persönlichen Ton geschrieben. Ich spreche viel von mir, von meinen eigenen Erfahrungen, und ich möchte euch damit ermutigen, miteinander viel von euch selbst, von euren Erfahrungen mit der Sexualität zu reden.

Ich bin jetzt in meinem letzten Lebensdrittel. Ich habe keine Lust mehr, meinen Mund zu halten, schamhaft Rücksicht zu nehmen auf genau die moralischen Vorbehalte, die ein wesentlicher Grund für das weitverbreitete sexuelle Unglück sind. Und so, wie mir, geht es vielen älteren Menschen. Ich lasse mir einfach nicht mehr sagen, dass ich oder ein anderer Mensch auf sein sexuelles Glück aus diesem oder jenem Grund verzichten muss. Ich nehme mir mein Recht, sexuell glücklich zu sein, indem ich deutlich sage, was ich will, und es auch tue. Und damit bin ich bisher gut gefahren, bin auch recht oft auf die Nase gefallen, habe tiefe Beziehungen erlebt, die dann auch teilweise wieder grausam gescheitert sind und bin wieder aufgestanden, habe von vorne begonnen und aus den vermeintlichen Misserfolgen »erfolgreiches Scheitern« machen können, indem ich aus meinen Erfahrungen gelernt und Konsequenzen gezogen habe.

Vieles von dem, was ich hier beschreibe, mag provokant klingen, nicht nur weil ich über die Sexualität älterer Menschen schreibe. Ich schreibe über Tabus, also über gesellschaftlich stark verankerte Irrtümer, die nicht nur als Gedanken und Moral existieren, sondern die als Gefühle und Emotionen in den Charakterstrukturen der Menschen tief verinnerlicht sind. Und ich blicke auf neue Tabus und neue Irrtümer, die in den letzten Jahren mit Neo-Tantra, Karezza, Tao-Sex und weiteren Angeboten das »Spirituellen Supermarktes« aufgetaucht sind. In diesen Angeboten liegen einerseits viele gute neue Ansätze verborgen, sich grundlegend neu mit dem Thema Sexualität zu beschäftigen, und es werden andererseits dennoch immer wieder die alten patriarchalischen Dogmen bedient. Deshalb bemühe ich mich, sehr genau hinzusehen, auch wenn dabei einige Wunschträume platzen sollten, es gäbe schnelle und schmerzlose Auswege aus der sexuellen Misere.

Ich gebe zwar auch Anregungen, wie du mit deinem Partner zu neuen, erfüllenderen sexuellen Erfahrungen kommen kannst, indem ich die energetische Liebe vorstelle, aber ich zeige dir eben auch, dass dies nicht automatisch alle eure sexuellen und emotionellen Probleme lösen kann. Im Gegenteil: Ich zeige euch, wo die Probleme stecken, die Menschen – also auch ich, genauso wie ihr – in ihren eigenen Strukturen mit sich herumschleppen und die anzusehen eventuell sehr schmerzhaft sein kann. Die aktuelle Sexualaufklärungsliteratur vermeidet es, diese Probleme aufzuzeigen, denn es sollen Workshops, Bücher, Videos und Jahrestrainings verkauft werden. Deshalb werden diese Produkte mit dem Image der Hoffnung verkauft: »Tue dies – also kaufe das Buch, die DVD, den Workshop oder diese Therapie –, und du wirst glücklich werden!« Wieder einmal wird Sex zum Marketing missbraucht. Ich glaube nicht daran, dass es eine wohlfeile Lösung aus dem Jammertal des allgemeinen sexuellen Elends gibt, und ich erkläre auch, warum.

Deshalb richte ich meinen Blick nicht nur darauf, wie erfüllend und befreiend Sexualität sein kann, sondern auch darauf, wo die Probleme verborgen liegen, wenn Menschen versuchen, aus der Falle der Lieblosigkeit auszubrechen. Das mag oft sehr unangenehm sein und auch deinen Widerspruch provozieren. Gut so. Es geht mir nicht darum, dich zu manipulieren, dich von meinen Gedanken zu überzeugen, sondern ich möchte, dass du selbst über das, was ich hier schreibe, nachdenkst, und vor allem, dass du mit deinem Partner/deiner Partnerin zu reden beginnst. Ich kann euch nichts versprechen. Ich sage nicht: »Tut dies und das, macht jene Übungen, diese Therapie, und alles wird gut.« Es geht mir nur darum, euch mit neuen Gedanken über die sexuelle Liebe vertraut zu machen. Was ihr daraus macht, ist eure Sache. Ich wünsche euch dabei viel Erfolg, viel Liebe, viel Glück und Erfüllung.

Es gibt keinen Grund, Vertrauen in eine Methode zu setzen, *bevor* sie ihre Wirksamkeit bewiesen hat. Solange sie nicht funktioniert, gibt es auch keinen Grund, an sie zu glauben. Und wenn die Methode Wirkung zeigt, sollte für Sie klar sein, dass das nicht daran liegt, dass Sie fest daran geglaubt haben. Es ist umgekehrt: Weil es funktioniert, glauben Sie daran. Ich erwarte also von Ihnen nicht, dass Sie für bare Münze nehmen, was ich Ihnen sage. Vertrauen Sie der eigenen Erfahrung.

Manche Autoren ermuntern Sie, sich sozusagen an der Hand nehmen und von ihnen führen zu lassen. Ich dagegen sage: Vertrauen Sie mir nicht. Denn Sie haben keinen Grund dazu, und es wäre auch Ihrer Differenzierung nicht förderlich. Wenn Sie mir vertrauen, ändert sich nichts bei Ihnen. Entscheidend ist vielmehr, dass Sie Vertrauen *zu sich selbst* haben (und *aus eigenem Impuls* aktiv werden). (*David Schnarch, Die Psychologie sexueller Leidenschaft, S. 23)*

Gibt es ein Tabu »Sexualität älterer Menschen«?

Ich höre immer wieder, dass die Sexualität älterer Menschen ein »Tabu« sei, ein Thema, über das deshalb noch weitgehend schamhaft geschwiegen wird. Ich sehe das nicht so, aber ich verstehe, was mit »Tabu« gemeint ist. Das Thema ist in der Öffentlichkeit bisher wenig präsent. Ich denke, das wird sich jetzt bald gründlich ändern. Das Thema des sexuellen Tabus, über das ich in diesem Buch schreibe, betrifft jedoch nicht in erster Linie die Sexualität im Alter, sondern dieses: »die sexuelle Erfüllung in *jedem* Lebensalter«.

Es mag durchaus so sein, dass in unserer Kultur die Ansicht verbreitet ist, dass die Sexualität im Alter nachlässt und dass ältere Menschen das Interesse daran verlieren. Das ist natürlich richtig beobachtet. Aber meiner Ansicht nach liegt das nicht in erster Linie daran, dass das Thema »Sexualität im Alter« tabuisiert ist, sondern daran, dass einseitig eine Art von Sexualität verbreitet ist, die langfristig zur Verödung der Gefühlswelt führt und die von den Menschen dann als Belastung erlebt wird. Warum sollten sich ältere Menschen, wenn sie sich nach getaner Arbeit intensiver um ihre Lebensqualität kümmern können, ausgerechnet mit dem belasten, was ihnen über Jahrzehnte hinweg vor allem Probleme bereitet hat?

Selbst von Experten, also von Sexualwissenschaftlern, Therapeuten und von aufklärenden Organisationen wird »Sex« als ein monolithisches Thema behandelt, es gibt nur »den Sex«, bei dem man (zumeist) ins Bett geht, sich selbst und den Partner in Erregung versetzt, um diese Erregung dann mehr oder minder schnell wieder loszuwerden, es geht ums »Sex-Machen« mit Betonung auf »machen«. Da geht es also vorwiegend um sexuelle Erregung und dessen Lösung im Orgasmus. Es geht um die Quantität, also darum, wie oft und wie geschickt man es macht und wie stark die erlebte Erregung ist, und es wird kaum oder gar nicht über den Grad an Befriedigung und Erfüllung geredet, der tatsächlich erlebt wird. Das Bild, das in der Öffentlichkeit von Sexualität gegeben wird, ist derart banal und eingeschränkt. Viele – vor allem Frauen und ältere Menschen – können dieser Form von Sexualität ganz zu Recht nichts mehr abgewinnen. Und ich denke, sie haben allen Grund dazu.

In jungen Jahren scheint diese Art, erregenden Sex zu erleben, auch mehr oder weniger natürlich zu sein. Es ist aufregend, einen anderen Körper – meist aufregender, als den dazugehörenden Menschen – zu entdecken. Dieser andere Mensch ist dann eben oft nur die Hülle, *das obskure Objekt der Begierde*, das einem selbst zum Genuss gegeben ist. Dahinter steht ein Bild von Sexualität, das nicht zwischen *Geschlechtsreife* und *sexueller Reife* unterscheidet. Für junge Menschen, die ihre sexuelle Potenz erforschen, reiht sich eine sinnliche Sensation an die andere. Die Erlebnisse sind überwältigend machtvoll und durchdringen den ganzen Menschen in allen Aspekten des Seins. Das verstellt den Blick darauf, dass die Schönheit der Sexualität nichts mit der Potenz, der Erektionsfähigkeit und anderen sichtbaren und messbaren Bedingungen zu tun hat. Man fragt nicht: »Wie erfüllt bist du von der Begegnung? Wie tief ist das Erkennen deines Partners? Erlebst du die Dimensionen der Auflösung des Ichs und der Verschmelzung zu einer sinnlichen und geistigen Einheit? Vergisst du Zeit und Ort und alle beschränkenden Gedanken des unvollkommenen Alltagslebens?« Nein, gefragt wird: »Wie oft kommst du zum Orgasmus? Welche Sexualtechnik macht dich geil? Wie schnell hast du nach der Ejakulation eine erneute Erektion? Kommst du zu früh oder zu spät? Kannst du deine Frau (deinen Mann) geschickt zum Orgasmus bringen? Welche Anreize benutzt du, um erregt zu werden?«

> In den meisten Lehrbüchern zu den Themen menschliche Sexualität, Entwicklung in der Pubertät oder Familienleben ist zu lesen, Männer würden ihre sexuelle Reife erreichen, noch ehe sie zwanzig sind, Frauen dagegen einige Jahre später – und darin läge angeblich unser Grundproblem. Viele Psychotherapeuten erliegen demselben Irrtum und verwechseln *Geschlechtsreife* mit *sexueller Reife*. [...]
>
> Das körperliche Entwicklungstempo ist nur ein Indikator der sexuellen Reife. Diese hat in erster Linie mit Ihrer *persönlichen Reife* zu tun. Genau deshalb ist Sexualität nicht von Natur aus etwas Schönes, sondern erst, wenn wir etwas Schönes daraus machen. Die Verwechslung von Geschlechts- und sexueller Reife hindert viele Menschen daran, ihr sexuelles Potential zu entfalten. Denn was das menschliche Liebesleben in erster Linie angeht, können Siebzehnjährige gesunden Sechzigjährigen nicht im Entferntesten das Wasser reichen!
> *(David Schnarch, Die Psychologie sexueller Leidenschaft, S. 91)*

Diese Art des »Sex-Machens«, des gegenseitigen »Sich-Benutzens«, baut auf Sensationen auf, wie sie Jugendliche im ersten Rausch von Sex erleben, die mit zunehmendem Alter immer weiter gesteigert werden müssen, damit sie langfristig den Grad der Erregung bieten können, den sie früher einmal für den jungen Menschen hatten. Irgendwann erreichen die Menschen dann das Ende dieser Spirale. Je älter sie werden, desto mehr Aufwand muss getrieben werden, um dieses »Kribbeln im Bauch«, diese ungeheure Sensation zu spüren. Dann machen Menschen immer öfter die Erfahrung, dass Sex eben keinen besonderen Spaß mehr macht, dass sie immer öfter Frustration, Langeweile, Ernüchterung erfahren und dass sie immer drastischere Maßnahmen ergreifen müssen, um diese enorme Erregung des potenten jugendlichen Entdeckers zu ermöglichen.

Die Standardlösung, die viele Männer kennen, ist die »Midlife Crisis«, also der Versuch, sich in etwas fortgeschrittenem Alter eine junge Geliebte zu nehmen, sich in aufregende Affären zu stürzen oder eine unangemessene, aufgesetzte Jugendlichkeit zu leben, um an den sexuellen Kick zu kommen. Man(n) stellt fest, dass nur noch extreme Formen von Sexualität wie Domina-Sex oder andere Rollenspiele, die ständige Zufuhr von »Frischfleisch« über Partnertausch, Prostituierte oder Swingerclubs, die exzessive Nutzung von Pornographie und viele andere Mittel und Methoden nötig werden, um überhaupt noch eine sexuelle Erregung zu ermöglichen, die an die Erlebnisse des potenten Jugendlichen erinnert. Bei Frauen führt die sexuelle Frustration dagegen oft dazu, sich dem Sex vollständig zu verweigern und ein weitgehend unsexuelles Leben zu wählen. Natürlich sind das Verallgemeinerungen, es sind Tendenzen, die auf den einzelnen nicht passen müssen und oft auch umgekehrt auftreten können.

> Unser Problem ist, dass wir uns blind das zu eigen gemacht haben, was ich das »Frischfleisch«-Modell der Sexualität nenne. Wir verklären einen »straffen Po« und makellose Haut zum Gipfel der sexuellen Attraktivität und verehren Jugendlichkeit als das A und O der Erotik. [...]
>
> Es zählt jedenfalls nicht zu unseren Aufgaben im reifen Erwachsenenalter, uns in Verzicht zu üben und unsere Sexualität »zurückzuschrauben«. Dies ist vielmehr die Phase, in der wir unser sexuelles Potential entscheidend erweitern können. Die meisten von uns sind erst ab einem gewissen Alter in der Lage, gängige Denkfehler hinter sich zu lassen.

> Isadora Duncan traf den Nagel auf den Kopf, als sie schrieb, dass die meisten von uns 25 oder 30 Jahre verschwenden, ehe sie die konventionellen Lügen über die Sexualität, die in unserer Gesellschaft herrschen, durchschauen. *(David Schnarch, Die Psychologie sexueller Leidenschaft, S. 94f)*

In dieses Bild von Sexualität, das einem unkritischen Jugendwahn verfallen ist, passen ältere Menschen tatsächlich nicht hinein. Wenn Menschen sich selbst mit ihren angeblichen Defiziten nicht mehr nackt im Spiegel sehen mögen, weil die Haut runzelt, weil Brüste und Po hängen, weil dicke Rettungsringe Bauch und Schenkel zieren, und wenn sie diesen Anblick auch ihren Partnern nicht zumuten wollen, dann hat die Falle des »Frischfleisch«-Modells zugeschlagen. Sich diesem Diktat zu unterwerfen, bedeutet, die sexuelle Erfüllung an den biologischen Sexualtrieb zu binden. Wenn man die eigene Sexualität an den Möglichkeiten von Teens und Twens orientiert, ist es völlig logisch, dass die Sexualität mit den Jahren an Intensität einbüßt und im fortgeschrittenen Alter völlig zu versiegen droht.

Aber das »Frischfleisch-Modell« ist nicht die Ursache dieser Situation, sondern auch nur ein Symptom für die tiefere Ursache: Die meisten neurotisch »normal blockierten« Menschen haben aufgrund ihrer *Charakterstruktur* keinen Zugang zu wirklich tiefen Empfindungen. Sie fürchten die Hingabe, den *Kontrollverlust*, die Ekstase. Und das geht alle Menschen an, auch diejenigen, die als Sexualtherapeuten, als Ärzte, als Sexualberater oder als Tantralehrer in der Öffentlichkeit auftreten und in Büchern, in Zeitschriftenartikeln, in Fernsehdokumentationen und in verschiedenen Therapie- und Seminarangeboten das öffentliche Klima von »Sexualaufklärung« bestimmen. Dies ist eine Kultur von fast hundert Prozent sexuell unglücklichen Menschen, und auch die »Fachleute« gehören dazu. Das sollten alle im Hinterkopf behalten, die glauben, sie könnten in den Medien und in Seminarangeboten eine kompetente Hilfe erwarten. Ich würde mich auch nicht von einem Blinden, der die Farbenlehre nur vom Hörensagen kennt, in Malerei unterrichten lassen.

Es gibt in der aktuellen, hitzig erotisch aufgeladenen Medien- und Werbelandschaft sehr viel Sexualberatung – eben weil jeder darüber schreiben kann, unabhängig davon, ob er selbst sexuell glücklich ist oder nicht. In Frauenzeitschriften, in der Boulevard-Presse, in Fernsehdokumentationen, auf Web-Portalen – überall springen uns irgendwelche »Sex-Tips« an. Dabei dürfte klar sein, dass es in den meisten Angeboten weder um Aufklärung noch um die Verbesserung des sexuellen Erlebens geht, sondern um das Prinzip »sex sells«.

Warum springen die Menschen darauf an? Was macht das Thema so interessant, dass fast jeder einen Blick darauf werfen mag? Die meisten Menschen sind sexuell unerfüllt. Ein jeder ist auf der Suche nach einem Ausweg aus der eigenen Katastrophe. Und die Menschen sollen unerfüllt bleiben, damit dieser Werbeträger auch weiterhin noch lange funktioniert.

Was mir jedoch auch bei der ernsthaften Sexualberatungs-Literatur aufgefallen ist: Die anscheinend »seriösen« Autoren stellen sich meist auf einen abgehobenen medizinisch-psychiatrischen oder auch auf einen esoterisch-spirituellen Standpunkt, und es werden irgendwelche Übungen, Rituale und Techniken gegeben, wie man sein Sexleben auf die eine oder andere Weise aufpeppen kann. Die Sexualberatung, die von professioneller Seite gegeben wird, hat im Hintergrund die Erfahrung der Therapeuten und Berater, die bei ihren Klienten die verschiedensten Funktionsstörungen aufarbeiten. Das ist der Beruf dieser Fachleute und daran ist nichts falsch. Aber es entsteht folgerichtig ein eigenartig verzerrter Blick auf die Sexualität: Im Vordergrund steht das Kranke, die Störung, die behoben werden soll. Und was dabei leicht aus den Augen verloren geht, ist die Frage: Was ist überhaupt gesunde, erfüllende Sexualität? Was soll das Ziel einer Therapie oder Beratung sein, das über die Behandlung der individuellen Verzweiflung des jeweiligen Klienten hinausgeht? Und wenn die Berater selbst kein überzeugendes Bild davon abgeben können, was erfüllende Sexualität sein könnte – könnte es vielleicht daran liegen, dass sie selbst es nicht wissen, dass sie selbst es nicht leben? Für mich liegt diese Vermutung sehr nahe.

Da ich, durch meinen Beruf bedingt, viel mit Psychotherapeuten zu tun hatte, kann ich voller Überzeugung sagen: Sie haben dieselben Probleme wie alle anderen auch. Ja mehr noch: Gerade weil sie sich als »Fachleute« qualifizieren wollen, scheinen sie besonders ängstlich auf »Seriosität« zu achten. Und deshalb scheuen sie sich, selbst persönlich Farbe zu bekennen. Ihr emanzipatorisches Image ist oft aufgesetzt. Nur weil man Psychologie studiert hat und eine Praxis für Sexualberatung betreibt oder weil man einen mehrjährigen Tantra-Ausbildungskurs absolviert hat und nun Seminare und Trainings veranstaltet, muss man der eigenen sexuellen Erfüllung keinen Schritt näher gekommen sein. Mir kommt es jedenfalls so vor, als würden Kurse in Farbenlehre von Blinden angeboten.

Die Menschen in den westlichen Gesellschaften werden immer älter. Die Lebenserwartung steigt Jahr für Jahr um drei Monate. Um 1840 betrug die Lebenserwartung etwa 40 Jahre. Bis heute hat sie sich etwa verdoppelt. Und die Steigerung ist weiterhin linear. Ein Mädchen, das heute geboren wird, hat eine statistische Wahrscheinlichkeit von 50%, über 100 Jahre alt zu werden. Das heißt für das Thema Sexualität im Alter: Es gab in früheren Jahrzehnten einfach viel zu wenige alte Menschen, die mit 50, 60, 70, 80, 90 oder mehr Jahren noch so vital waren, um sich ernsthaft und existentiell mit dem Thema »Sexualität« zu konfrontieren. Dass über die Sexualität älterer Menschen nicht geredet und geforscht wurde, ist also nur zum Teil als Tabu zu sehen, es gab einfach viel weniger alte Menschen, und die waren dann auch noch im patriarchalischen Rollenverständnis ihrer Generation gefangen. Klar, das hat den Geschmack von Tabu, aber es ist nachvollziehbar, dass Menschen ihre Lebenseinstellungen nicht ohne weiteres verändern. Daher wandelt sich das Rollenverständnis älterer Menschen eben sehr viel langsamer, als dies bei jüngeren der Fall ist. In einer Gesellschaft, in der bald mehr als fünfzig Prozent der Menschen über 60 Jahre alt sein werden, wird sich die Haltung zur Sexualität im Alter in den nächsten Jahren und Jahrzehnten grundlegend ändern.

Ich bin ein typischer Repräsentant einer Generation, die man »die 68er« nennt, einer durch die Alternativkultur geprägten Generation. Ich habe mein Leben fast ausschließlich in alternativen Rand- und Gegenkulturen verbracht. Ich habe jedoch auch etwa fünfzehn Jahre lang versucht, mich als Ehemann, Vater und Geschäftsmann in die Mainstream-Gesellschaft zu integrieren – das aber eher mit wenig Erfolg: Mir ist dann doch irgendwann klar geworden, dass in dieser Art der Existenz für mich keine wirkliche Erfüllung zu finden ist – eben weil ich beide Lebensentwürfe sehr gut kennengelernt habe.

Ich bin jetzt 65. Und ich fühle mich, was meine sexuellen Bedürfnisse angeht, überhaupt nicht eingeschränkt. Der tiefe Wunsch nach sexueller Erfüllung ist, soweit es mich angeht, eher stärker und bewusster, als das vor dreißig oder vierzig Jahren der Fall war. Und meine Möglichkeiten, diese Bedürfnisse tatsächlich auch umzusetzen, sind inzwischen erheblich einfacher zu realisieren, weil ich andere Prioritäten setzen kann und diese auch so konsequent wie möglich umsetze.

Ich habe bei vielen Menschen meiner Generation den Eindruck, dass sie nicht anders empfinden, nur dass ein großer Teil der älteren

Menschen nicht wissen, wie sie ihre sexuelle Sehnsucht tatsächlich leben können. Und ich denke, dass »wir« es mal wieder sind – die Revoluzzer-Generation, die einst »die 68er« waren – die dieses Thema, also »sexuelle Erfüllung im Alter«, in die öffentliche Diskussion bringen werden. Einfach, weil es unser Lebensproblem ist, so wie wir im jungen Alter die Jugendrevolte angezettelt, in Kommunen gelebt und in kollektiven Betrieben gearbeitet haben. Ich hatte das nicht getan, um »revolutionär zu sein«, sondern, weil mir einfach nichts anderes übrigblieb, wenn ich selbstbestimmt leben und arbeiten wollte, und weil ich in einer Gesellschaft lebe, die nicht die Freude an der Arbeit und die sexuelle Selbstverwirklichung in den Mittelpunkt stellt, sondern Leistung, materiellen Wohlstand und die ängstliche Absicherung in jeder Beziehung.

So werde ich, wie viele andere, jetzt genauso mit der Sexualität im Alter experimentieren, wie wir es vor 30 oder 40 Jahren mit der »Sexuellen Revolution« getan haben. Und es wird viele geben, die erkennen, dass ihnen nichts anderes übrigbleibt, als die Sexualität im Alter öffentlich zu thematisieren, wenn sie sich nicht der allgemein gelebten Frustration ergeben wollen. Es scheint das Schicksal dieser Nachkriegsgeneration zu sein, immer wieder neue Themen in die Öffentlichkeit zu bringen, die als »alte Zöpfe« unsere Lebensqualität beeinträchtigen.

Ich bin mir durchaus bewusst, dass es in diesem Prozess genau so viele Rückschläge, schräge Entwicklungen, Übertreibungen und viele unerfüllte und unerfüllbare Erwartungen geben wird, wie es auch in allen anderen Aspekten der Alternativkultur immer wieder zu Fehlentwicklungen gekommen ist. Natürlich glaube ich, dass ich mit dem Projekt der energetischen Liebe einen gangbaren neuen Weg gefunden habe – sonst würde ich ihn hier gar nicht vorstellen. Aber ich bin Realist genug zu wissen, dass die Menschen nun nicht sagen werden: »Oh, danke, schön dass du mir die Augen geöffnet hast, das wollte ich immer wissen, und jetzt werde ich die energetische Liebe leben und für den Rest meines Lebens glücklich sein.« Natürlich weiß ich, dass es Widerstände gibt. Und die liegen sowohl in den Menschen als *unbewusste* neurotische Muster, die konsequente Verhaltensänderungen verhindern, als auch in der Gesellschaft, die sexuelles Glück nicht zulässt, weil das die Grundlagen der Ausbeutungsstrukturen untergraben könnte.

Dennoch glaube ich, dass ein solches Projekt, sexuelles Glück im Alter offensiv zu thematisieren und umzusetzen, durchaus realistische Chancen auf Verwirklichung hat, auch auf einer breiteren Ebene, also durchaus als eine Art »Massenbewegung«, indem sich sehr viele ältere Menschen jeweils paarweise um erfüllende Sexualität kümmern werden. Das Angebot, das ich hier mache, wird nur eines unter vielen sein.

Frauen und Männer verlassen im Alter den Produktionsprozess und sind erst einmal für diejenigen Wächter der Zivilisation, die mit durchsichtigen Motiven die Menschen davon abbringen wollen, erfüllt zu leben, relativ uninteressant. Ältere Menschen stehen nicht mehr im Zentrum des Interesses von Konsum und Produktion, sind immer noch eine Randgruppe, erst recht als alternativ lebende ältere Menschen. Wenn die Mainstream-Medien und die Sittenwächter darauf aufmerksam werden, dass hier etwas geschieht, wird das Thema schon längst gegessen sein: Die »Sexuelle Revolution« geht in die nächste Runde.

So gesehen ist das angebliche Tabu eher eine Chance. Denn es bedeutet, dass das Thema »Sex im Alter« einige Aufmerksamkeit erregen und nicht weiter schamhaft unter den Tisch fallen wird. Gerade weil ältere Menschen nicht mehr in das Bild einer von Jugendlichkeit geprägten Sexualität hineinpassen, kann aus dieser Generation der starke Impuls ausgehen, dieser Kultur des »Frischfleich-Sex« eine andere, lebensbejahende Sicht auf die Sexualität zu eröffnen, die sexuelle Erfüllung nicht auf sexuelle Potenz, sondern auf sexuelle Reife zurückführt. Und das kann durchaus auch auf das Verständnis von Sexualität in den jüngeren Generationen zurückwirken.

> Wenn ältere Menschen feststellen, dass sie viel stärkere Stimulation benötigen, um sexuelle Erregung zu erleben, und dass sie viel länger brauchen, um zum Orgasmus zu kommen, gibt es eben nicht nur die Auswege, die bisher propagiert und gelebt werden: die sexuellen Reize zu steigern, immer mehr und immer ausgefallenere Stimulanz zu suchen. Das führt unweigerlich zum Ausweg, den viele dann finden: die Sexualität einzustellen und ein unsexuelles Leben zu wählen. Es ist ein Ausweg in die Resignation und die Frustration, denn die Sehnsucht nach der sexuellen Erfüllung stirbt nicht.
>
> Wenn die Reaktionsschwellen sich nach oben verlagern, ziehen sich viele beim Sex innerlich vom Partner zurück und kapseln sich durch ihre Ängste von ihm ab. Infolgedessen sinkt das Erregungsniveau noch weiter. Dieser Zusammenhang dürfte ihnen allerdings verborgen bleiben, falls sie an Intimität und emotionale Nähe zum Partner ohnehin nicht gewöhnt sind. Jedenfalls kann es auf diese Weise zu massiven genitalen Funktionsstörungen und einer Schwächung des sexuellen Verlangens kommen. *(David Schnarch, Die Psychologie sexueller Leidenschaft, S. 107)*

Es wird also Zeit, ganz offen und ohne Scham darüber zu reden, was neben Erregung und biologischem Trieb das Schöne und Anziehende der Sexualiät ausmacht, was Menschen langfristig Erfüllung und nicht nur Sensation bietet. Es wird Zeit, sich Gedanken darüber zu machen, welche Funktion die sexuelle Erregung hat, wie Sexualität erlebt und gestaltet werden kann, wenn die Erregung und deren Lösung im Orgasmus nicht mehr das einzige oder das vordergründige Ziel der Sexualität ausmacht.

Das ist die große Chance, die ältere Menschen haben: sich einer neuen, lebendigen Form von Sexualität zuzuwenden, weil sich die alten Muster als unzureichend erwiesen haben, langfristige sexuelle Erfüllung zu bieten.

Let’s Talk About Sex: Was ist »gute Sexualität«?

Diese Frage steht bewusst am Anfang dieses Buches. Sie sollte der Anfang jeder Sexualaufklärung junger Menschen sein. Sie sollte am Anfang jeder Beziehung stehen, auch wenn ältere Menschen, die wahrscheinlich schon einige sexuelle Beziehungen gelebt haben, es oft bereits zu wissen glauben. Frage dich und deinen Partner/deine Partnerin ehrlich: »Was ist gute Sexualität?« Redet darüber. Es ist möglicherweise eure einzige Chance, der sexuellen Not zu entkommen und die Schönheit der Sexualität zu entdecken.

In der allgemeinen sexuellen Sprachlosigkeit wird diese Frage trotz aller scheinliberalen Aufklärung höchst selten gestellt und noch seltener beantwortet. Wenn ich wissenschaftliche Ratgeberliteratur lese oder entsprechende Artikel in Zeitschriften, wenn ich die Sexszenen in Spielfilmen sehe, wenn ich »die Stellen« in der Literatur aufschlage – überall wird so getan, als wüssten es die Menschen, also wird kein Wort darüber verloren. Da geht es fast immer nur darum, Erregung herzustellen, Lust aufzubauen – und dann geht es los. Da wird gestöhnt, geleckt, gekratzt, gestoßen und verzückt geblickt; es wird gemacht, gemacht, gemacht. In Filmszenen wälzen sich die Paare ständig hin und her, und oft sieht es so aus, als ginge es um eine spezielle Form von Gymnastik. Von Pornos will ich hier gar nicht reden, da wird das ganze einfach nur stupide auf die Spitze getrieben.

Offenbar geben die Menschen, die diese Literatur und Filme herstellen, ihre eigene unhinterfragte Version von Sexualität wieder. Sie wissen es wohl nicht besser.

Fast alle Schilderungen der Sexualität begnügen sich damit, die emotionelle Erregung darzustellen oder Methoden zu zeigen, wie man die Lust (wieder) entfachen und immer weiter in die Höhe treiben kann. Es wird so getan, als wäre die *Entfachung* von Lust vor und bei der Vereinigung, das möglichst geschickte, aktive Ausleben der Erregung und deren Lösung im Orgasmus der einzige Sinn von Sexualität. Diese Darstellung über die Medien ist so allumfassend, durchdringt alle Aspekte der Wahrnehmung so tief, dass die Konsumenten der medialen Produkte gar nicht auf die Idee kommen, dass es sich in jedem einzelnen Fall um eine produzierte Idee handelt, um die Darstellung dessen, was Autoren, Regisseure, Darsteller aus ihrem persönlichen Verständnis heraus als »gute Sexualität« darzustellen versuchen. Aber jeder einzelne dieser Produzenten steht wie du und dein Partner in einer Lebenssituation, in der die Sexualität ihren – oft erbärmlichen – Platz hat und in der an die Stelle von tatsächlich erlebter sexueller Erfüllung ein Sammelsurium von Phantasien und Sehnsüchten getreten ist – also Gedanken und vom Kopf gesteuerte Emotionen. Der gesamten Medien-Sexualität ist anzusehen, dass sie von sexuell unglücklichen Menschen produziert wird, die selbst gar nicht wissen, was sexuelle Erfüllung ist, weil sie es ganz einfach nicht erleben. Es ist ein Panoptikum des sexuellen Unglücks.

Was also ist gute Sexualität? Ich wage mal einige erste Hypothesen, die für mich selbst gelten:

- Gute Sexualität bringt beiden Partnern heute und langfristig Erfüllung und ist ein wichtiges Zentrum der Beziehung.
- Gute Sexualität wird von beiden Partnern täglich gewollt, wenn es die Lebensumstände ermöglichen: Sie gehört so selbstverständlich zum täglichen Leben wie erfüllende Arbeit, gutes Essen, ein bequemes Bett und interessante Gespräche.
- Gute Sexualität ist jedes Mal eine neue, überraschende Erfahrung.

- Gute Sexualität hat Zeit, viel Zeit – und ihr wird viel Zeit eingeräumt.
- Gute Sexualität erfreut sich an der sexuellen Erfüllung des Partners genauso wie an der eigenen.
- Gute Sexualität lässt mich meine Partnerin im Innersten erfühlen und auch ich erlebe, dass sie mich in sich erfühlt.
- Gute Sexualität ist die Erfahrung des Eins-Seins, der Ekstase, der Aufhebung von Trennung, der Aufhebung von Zeit und Raum.
- Gute Sexualität verbindet mich spontan und absichtslos mit der Erfahrung des Ich Bin, der Egolosigkeit oder Gegenwärtigkeit.

Was gute Sexualität für dich und deinen Partner oder deine Partnerin bedeutet, könnt ihr nur selbst erfühlen und selbst ergründen. Es auszusprechen, es für euch selbst so detailliert wie möglich zu erforschen, es dir selbst und dem Partner gegenüber ganz konkret zu benennen, ist der erste wichtige Schritt zur Emanzipation von vorgegebenen Rollenmustern und gesellschaftlichen Klischees, die nicht dazu da sind, euch glücklich zu machen, sondern um Sex – euren Sex – als Werbeträger, als Instrument zur Manipulation eures Verhaltens und zur Rechtfertigung einer äußerst fragwürdigen patriarchalischen Sexualmoral zu nutzen. Da ältere Menschen sowieso nicht mehr in diese Klischees von straffen Busen und Knackärschen, von Modelfiguren und von Testosteron triefenden Sunnyboys hineinpassen, dürfte es dir leicht fallen, andere, sehr viel realistischere Aussagen zu treffen, was gute Sexualität *für dich* ist. Das einzige, was dann noch wichtig ist, ist zu verstehen und anzunehmen, was gute Sexualität für deinen Partner, deine Partnerin ist und sowohl die Gemeinsamkeiten wie auch die Unterschiede zu erkennen und daraus die entsprechenden Konsequenzen zu ziehen: Seid ihr fähig, gemeinsame

Aussagen zu finden, die euch beiden gerecht werden? Könnt ihr auch die unterschiedlichen Standpunkte formulieren, ohne euch voneinander abzugrenzen oder gar abgelehnt zu fühlen, sondern auch gerade diese Unterschiede als Bereicherung der sexuellen Erlebnisfähigkeit zu verstehen?

Eine solche bewusste Aufarbeitung kann in sich bereits so viel emotionellen Sprengstoff bergen, dass oft schon allein dieser erste Schritt vermieden wird, weil das, was dabei zutage tritt, die Grenzen der Beziehung sprengen könnte.

Wenn dies der Fall sein sollte, wenn du merkst, dass bestimmte Themen nicht auf den Tisch kommen, weil damit euer Beziehungsgeflecht zusammenzubrechen droht, möchte ich dir raten, dieses Buch nicht weiterzulesen, sondern erst einmal eine Partnertherapie zu machen oder wenigstens David Schnarchs *Die Psychologie sexueller Leidenschaft* zu lesen. Doch auch damit wirst du an die Grenzen kommen und dich fragen, ob diese Partnerschaft eine Zukunft hat.

Natürlich habt ihr die Möglichkeit, die Schnittmenge dessen, was ihr als gute Sexualität versteht, als Grundlage für eurer Sexualleben zu nutzen – und den Rest als »Arbeitsbereich« zu verstehen und nicht als »Kollateralschaden«.

Und zum Letzten habt ihr die Möglichkeit, die bittere, aber oft auch vernünftige Konsequenz zu ziehen und euch zu trennen, um für einen neuen Anfang frei zu sein. In den vielen Gesprächen, die ich in den letzten Jahren mit älteren Menschen über die energetische Liebe geführt habe, ist mir aufgefallen, dass gerade Frauen über 50 zu diesem Schritt viel eher bereit waren als die Männer und dass sie dafür auch in Kauf genommen haben, für eine längere Zeit ohne eine feste Beziehung – wenn auch nicht unbedingt ohne Sexualität – zu leben. Ich habe Frauen unseres Alters besonders in dieser Hinsicht als erheblich erwachsener und bewusster als die Männer erlebt.

Und ich möchte an dieser Stelle auf eine Lebenserfahrung hinweisen, die sich für mich immer wieder bewahrheitet hat: Wenn die Sexualität zu Beginn einer Partnerschaft gut ist, ist die die Wahrscheinlichkeit groß, dass sie immer besser wird. Ist die Sexualität schon am Anfang einer Partnerschaft schlecht, also für einen der Partner oder für beide nicht erfüllend, konfliktbeladen, von Verboten und Regeln bestimmt, wird sie im Verlauf der Beziehung nicht besser, sondern immer eingeschränkter. Wenn man sich damit zu beruhigen versucht: »Das werden wir schon hinkriegen, daran können wir arbeiten«, steht oft der Gedanke im Hintergrund, man wäre fähig, sich selbst oder, schlimmer noch, den Partner zu verändern. Eine Beziehung, die darauf setzt, sich selbst oder den Partner verändern zu wollen, ist meiner Ansicht nach von vornherein zum Scheitern verurteilt. Wenigstens kann ich nicht sehen, wie sie dazu fähig sein sollte, den beiden Menschen sexuelle Erfüllung zu ermöglichen.

All das sind bittere Pillen, die man eventuell schlucken muss, wenn man sich ernsthaft die Frage stellt: »Was ist eigentlich gute Sexualität?« Und es ist bestimmt ein wesentlicher Grund dafür, warum die meisten Menschen nicht wagen, sich selbst und ihrem Partner diese Frage zu stellen.

Um euch in eurer Fragestellung etwas Denk-Material anzubieten, möchte ich hier etwas ausführlicher zitieren, was David Schnarch als »Starkstromsex« bezeichnet:

> Gemeint ist das Empfinden einer fortgesetzten, aufwühlenden Hochspannung. Starkstromsex ist das Erleben einer körperlichen und seelischen Vereinigung, die gekennzeichnet ist von brennendem Verlangen nach dem Partner, atemberaubender Intimität und intensivem Sinnerleben. Er spielt sich auf mehreren psychischen Ebenen ab und bezieht sämtliche Dimensionen der menschlichen Erfahrung wie Gegenseitigkeit, Integrität und spirituelles Erleben mit ein.

Starkstromsex ist weit mehr als genitale Erregung und Orgasmus und kann auch ohne sie auskommen. (Ich sage damit nicht, dass an Orgasmen etwas auszusetzen wäre, schließlich mag ich sie selber ganz gern.) Tatsächlich sind manche Menschen, wenn sie diese Form der Sexualität zum ersten Mal erleben, derart überwältigt, dass sie nicht zum Orgasmus gelangen können. Sofern die Sexualität eines Paares zuvor seit Jahrzehnten in mehr oder weniger gewohnten Bahnen verlaufen ist, kann Starkstromsex zu Anfang durchaus etwas Beunruhigendes haben. Selbst Klientinnen und Klienten, die mir sagen, dass die Sexualität immer eine besondere Stärke ihrer Paarbeziehung war, sind erschüttert und in Tränen aufgelöst, wenn sie in ihrem Liebesleben schließlich auf diese Stufe gelangen.

Für ältere Menschen kann diese Erfahrung besonders frappierend sein, weil sie dem gängigen »Frischfleisch«-Modell der Sexualität zuwiderläuft. Gerade im fortgeschrittenen Alter ist die Wahrscheinlichkeit dafür aber am größten. Starkstromsex kann auch noch mit weiteren Schocks einhergehen: Diese höchst intimen erotischen Erfahrungen scheinen oft »aus dem Nichts« zu kommen. Und möglicherweise sind Sie verwirrt und verstört, weil Sie merken, wie Sie nun vor einer intensiven Sexualität zurückscheuen, von der Sie *eigentlich dachten*, dass Sie sich nach ihr sehnen. Falls Ihnen eines der folgenden Phänomene bekannt vorkommt, dürfte Ihnen bereits klar sein, warum Starkstromsex nur etwas für Erwachsene ist und nichts für junges Gemüse:

- Die Zeit bleibt stehen.
- Die Außenwelt verblasst; Sie haben das Empfinden, an einen anderen Ort und in eine andere Zeit versetzt zu sein.
- In Ihrem Bewusstsein gehen bestimmte Veränderungen vor sich, so dass sich beispielsweise gesonderte Vorgänge zu

einem einzigen ausgedehnten Geschehen verbinden. Millionen Freuden verschmelzen zu einer.

- Grenzen zwischen Ihnen und Ihrem Partner verschieben sich oder lösen sich auf. Sie spüren den Partner, ohne ihn zu berühren, so als würden Ihre Körper ineinanderfließen. Die Haut fühlt sich offen an, als seien die Poren geweitet.
- Ihre eigenen Emotionen zeigen sich im Gesicht des Partners. Sie sehen Ihr innerstes Wesen in Ihrem Partner verkörpert. Er weiß genau, wie er Sie berühren muss und stöhnt exakt in dem Augenblick, wenn für Sie alles auf eine transzendental vollkommene Weise zusammenpasst.
- Das Gesicht Ihres Partners wird »fließend« und nimmt ungewöhnliche oder unerwartete Ausdrücke und Eigenschaften an.
- Sie nehmen Ihren Partner in verschiedenen Lebensaltern wahr. Sie wissen genau, wie er als Kind ausgesehen hat oder in späteren Jahren aussehen wird. Sie *erkennen* das Kind und den alten Menschen in ihm.
- Die Beziehung zwischen Ihnen wird von tiefem Mitgefühl und großer Freude durchströmt und erfüllt. Sie sind zu Tränen gerührt; Ihnen gehen Menschen aus Ihrer Vergangenheit und Gegenwart durch den Sinn, und Sie werden gewahr, was es bedeutet, Mensch zu sein.

Manche Klientinnen und Klienten berichten von noch ungewöhnlicheren Erfahrungen, etwa von sogenannten Synästhesien, bei denen sie Musik »sehen« oder Gefühle »hören«, oder davon, dass der Körper von einer Aura, einem Leuchten oder einem elektrischen Feld umgeben zu sein scheint. Ist es begreiflich, dass wir durch die sexuelle Vereinigung Energie, Glück und Schönheit hervorbringen können, die die Grenzen des Alltags sprengen? *(David Schnarch, Die Psychologie sexueller Leidenschaft, S. 116f)*

Was mir an dieser Schilderung, die ziemlich nah an das herankommt, was ich selbst als »gute Sexualität« bezeichnen würde, besonders gefällt, ist, dass sie ohne jede Gefühlsduselei und ohne spirituelles Geschwafel auskommt. Es ist eine der wenigen Schilderungen – abseits von Literatur und Kunst – in der endlich einmal gezeigt wird, dass jenseits des allgemein verbreiteten banalen Bildes von »Sex«, der einfach als vorgegebene Tatsache verstanden wird, ein anderes, sehr viel reiferes Verständnis von sexueller Erfüllung verborgen sein kann. Wenn Menschen zu verstehen beginnen, welche Tiefe und Schönheit in der gelebten Sexualität erfahren werden kann, wird ihnen gleichzeitig auch bewusst werden, wie armselig und beschränkt eine Sexualität ist, wie sie von Medien, Aufklärern, Therapeuten und anderen »Fachleuten« als »Norm« gepriesen wird. Diese »Norm-Sexualität« ist das Problem.

Natürlich kommt sofort als nächstes die von Angst bestimmte Frage: »Wie soll ich das erreichen?« Es entsteht so etwas wie Leistungsdruck und das verstörende Gefühl, hier würden wieder neue, noch höher gesteckte Normen errichtet, die als unerreichbares Ideal die Menschen noch unglücklicher machen würden. Es ist die Konsequenz aus der Tatsache, dass Millionen oder Milliarden Menschen sich in einer Grauzone von Mittelmäßigkeit und relativer Unerfülltheit aufhalten, aus der sie keinen gangbaren Ausweg sehen. Es ist tatsächlich gefährlich, Menschen auf die Möglichkeit hinzuweisen, dass sexuelle Erfüllung existiert, wenn sie strukturell nicht dazu fähig sind, diese Wahrheit selbst zu leben. Wilhelm Reich schreibt dazu:

> Wahrheit ist als Manifestation des vollsten Kontaktes des Lebens zu sich selbst und seiner Umgebung unauflöslich mit dem Energiehaushalt des Lebens verbunden. Daher wühlt Wahrheit, wenn sie voll gelebt wird, die tiefsten Emotionen auf und steigert damit den Drang zur genitalen Umarmung.

> *Da nun aber der Kern der Energieentladung des Lebendigen von den Menschen jahrtausendelang ausgeschlossen und geächtet war, musste man auch der Wahrheit ausweichen.* Jede Bewegung in Richtung auf die Wahrheit brachte den Menschen unvermeidlich der verlorenen Funktion näher. Es ist daher kein Wunder, dass jeder Wahrheitssucher zu allen Zeiten und in allen auf genitaler Unterdrückung aufgebauten Kulturen der «Unsittlichkeit» bezichtigt wurde, und dass reaktionäre Geister die Wahrheit stets als ein Werk des Teufels bekämpft haben, das die «Unmoral» fördere.
>
> (...)
>
> DER WAHRHEIT WIRD DESHALB AUSGEWICHEN, WEIL SIE FÜR DEN ORGANISMUS, DER SICH IHRER NICHT BEDIENEN KANN, UNERTRÄGLICH UND GEFÄHRLICH IST. Wahrheit bedeutet, vollen Kontakt mit sich selbst und mit seiner Umgebung zu haben. Wahrheit bedeutet, dass man seine eigene Art als unterschiedlich zu der der anderen erkennt. Wenn man versucht, einem Mitmenschen eine Wahrheit aufzuzwingen, die er nicht leben kann, so bedeutet dies, dass man in ihm Emotionen weckt, die er nicht ertragen kann; es bedeutet, dass man seine Existenz gefährdet und sein geordnetes – wenn auch unglückliches – Leben aus dem Gleichgewicht bringt. *(Wilhelm Reich, Christusmord, S. 300ff.)*

Deshalb kann und darf eine Diskussion darüber, was gute Sexualität ist, nicht zu neuen Normen und einem neuen Bild genutzt werden, um zu formulieren, welche Sexualität »erreicht werden« soll. Es geht hier nicht um sexuelle Höchstleistungen, sondern darum zu verstehen, dass das Spektrum menschlicher Möglichkeiten, Sexualität als erfüllend zu erleben, weitaus größer ist, als sich Menschen in der Enge relativen Unglücks selbst eingestehen mögen. Hier entsteht in jedem Menschen, der sich der Frage nach dem *Sinn* von Sexualität öffnet, eine ungeheure Spannung zwischen dem, was möglich ist, und was mir das tatsächlich gelebte Leben zu bieten vermag. Die Diskrepanz kann erschütternd sein. Noch einmal David Schnarch:

> Die Grenzbereiche unseres sexuellen Potentials sind zwar von Geheimnis umgeben, aber es ist kein Geheimnis, wie wir dorthin gelangen können. Zu Beginn dieses Kapitels habe ich unterstrichen, dass die Schönheit der Sexualität aus uns selbst kommen muss, dass das Zeit braucht und dass das Gelingen meist ein höheres Alter voraussetzt, als man gemeinhin annimmt.
>
> Starkstromsex ist nicht Menschen vorbehalten, die über einen jugendlichen Traumkörper oder akrobatische Talente verfügen. Wesentlich ist nicht Aussehen, exotische Liebesstellungen, wie oft Sie miteinander schlafen oder wie technisch versiert Sie sind. Entscheidend sind vielmehr Ihre innere Haltung, die Verbundenheit mit Ihrem Partner, das Kultivieren der erotischen Spannung zwischen Ihnen und der Zusammenklang von Kopf, Herz und Seele mit Ihren Genitalien. *(David Schnarch, Die Psychologie sexueller Leidenschaft, S. 119)*

Schnarch beschreibt immer wieder, dass Menschen in höherem Alter größere Chancen haben, sexuelle Erfüllung zu leben als jüngere Menschen. Ich sehe es auch so, weil ich es selbst erlebe und inzwischen viele getroffen habe, denen es ebenso geht. Ich sehe es als wesentlich an, dass Menschen, die im Alter von 50, 60, 70 oder mehr Jahren immer noch ein vitales Interesse daran haben, sexuell glücklich zu sein, offenbar zu den (leider immer noch wenigen) Menschen gehören, die die charakterlichen Voraussetzungen mitbringen, gute Sexualität eben nicht als Leistungsdruck und als utopische

Zielvorstellung zu verstehen, sondern die in sich selbst fühlen können, dass sexuelle Erfüllung lebendige Wirklichkeit sein kann.

Noch einmal zum Anfang: Ich denke, der einzig sinnvolle Weg zu verstehen, was gute Sexualität für dich und deinen Partner bedeutet, ist das Gespräch. Wenn noch nicht einmal das ehrliche und ergebnisoffene Gespräch zu diesem Thema möglich ist, stelle ich für diese Beziehung das Projekt »energetische Liebe« vollständig in Frage. Im Gegenteil: Was ich in meinen Beziehungen immer wieder erlebt habe, ist, dass gerade das intensive Gespräch über Sexualität einer der entscheidenden lustbildenden und tiefe Verbindung schaffenden Faktoren ist. Das Gespräch über Sexualität selbst ist dann pure Lust, weil du fühlst, wie nah es dich deinem Partner bringt, wie viel Einfühlung, Freude, Mitgefühl und Liebesbeweis darin steckt, sich ganz den Gedanken des Partners zu öffnen und mitzuerleben, wie er sich dir und deinen Gedanken öffnet. Das intime Gespräch selbst kann so lustvoll sein, dass es zu einem entscheidenden Faktor der erotischen Begegnung wird. Und ich meine hier nicht den erotischen »dirty talk« (das kann auch Spaß machen), sondern ich meine das tiefe Gespräch, in dem ich mich unzensiert mitteile und meinem Partner auch Botschaften sende, von denen ich weiß oder annehme, dass er sie nicht mag oder kritisieren wird. Erotische Lust lebt von der Spannung, und Intimität bedeutet gerade nicht, künstliche Harmonie zu verbreiten, sondern meine Wahrheit zu zeigen, auch wenn dieses »Zeigen« konfliktbeladen sein sollte. Natürlich kann das kurzfristig zu Dissonanzen führen, langfristig aber kann nur so mein lustvolles Interesse am Partner und seines an mir erhalten werden. Die Alternative wäre, dass ich bestimmte Themen nicht mehr anspreche und meine Wahrheit verschleiere, weil ich weiß, dass sie meinem Partner nicht gefällt. Das »beredte Schweigen« ist leider die traurige Realität in vielen Beziehungen. Es ist das Gegenteil von Intimität.

Intimität scheint vielmehr durch *Konflikt, Selbstbestätigung und einseitige Preisgabe* zu entstehen. *(David Schnarch, Die Psychologie sexueller Leidenschaft, S. 123)*

Lustvolle Harmonie entsteht nicht durch das Vermeiden von Konflikten, sondern dadurch, dass man bereit und in der Lage dazu ist, zu sich selbst zu stehen und Konflikte zu ertragen und auszutragen.

Das Gespräch darüber, was gute Sexualität ist, muss nicht unbedingt dazu führen, zu beschließen: »Wir machen jetzt das-und-das.« Lasst es stehen, geht immer wieder in das Gespräch und zeigt euch gegenseitig. Dissonanzen und unterschiedliche Haltungen und Bedürfnisse sollen nicht ausgeräumt oder nivelliert werden. Es geht nur darum, mich selbst und den Partner zu verstehen, mich selbst und ihn als eigenständige Person wahrzunehmen. Es geht darum, die Andersartigkeit zu erleben und darauf echte Partnerschaft zu begründen. Nur mit einem Menschen, der auch »anders« sein kann, macht es wirklich Spaß, sich zu vereinen. In jeder Partnerschaft muss es Gemeinsamkeiten und Übereinstimmungen geben, aber genauso wichtig ist es, nicht nur über den Kopf, sondern auch über das Gefühl zu verstehen, dass es »der Andere« ist, was mir fehlt, womit ich mich verbinden will und was mir lustvolle Spannung ermöglicht. *Sexuelle Liebe lebt von der Spannung zwischen Vertrautheit und Andersartigkeit.*

Ich möchte dich und deinen Partner beziehungsweise deine Partnerin dazu anregen, immer wieder über das Thema »Was ist gute Sexualität?« und über viele weitere Themen zur Sexualität zu reden. Scham und Zurückhaltung sind hier wirklich nicht angebracht, sondern kontraproduktiv. (Warum solltest du die notwendigen Worte nicht in den Mund nehmen, während du dich gleichzeitig danach sehnst, dass er deine Vulva beziehungsweise sie deinen Penis in den Mund nimmt?) Eventuell ist eine gewisse anfängliche Überwindung nötig. Wer bereits in einer längeren Beziehung lebt, wird möglicherweise feststellen, dass euer Gespräch über Sexualität seit einiger Zeit erstorben ist oder dass Sex nie wirklich das Thema ernsthafter, tiefer Gespräche war oder dass ihr seit langen bestimmte Bereiche aus euren Gesprächen verbannt habt, weil ihr zu wissen meint, dass der Partner nicht hören mag, was ihr zu sagen habt. Wenn eure Beziehung frisch ist und ihr gerade erst dabei seid, euch kennenzulernen, wird eventuell eine Scham-Blockade verhindern, dass ihr euch intensiv über das Thema Sexualität austauscht. Wie auch immer. Rationalisierungen, warum man *nicht* über Sex sprechen sollte, lassen sich immer finden. Beginnt heute damit, und vielleicht werdet ihr sofort feststellen, was ich meine, wenn ich behaupte, dass das ernsthafte Gespräch über Sexualität gleichzeitig auch Lust bereiten und eine eigene erotische Dynamik entwickeln kann.

Zum einfachen Einstieg in das Thema, möchte ich dir hier ein paar Anregungen geben, wie ihr beide sehr schnell und intensiv ins Gespräch kommen könnt:

- Lest euch dieses Buch gegenseitig vor, aber nehmt euch auch immer wieder die Zeit, innezuhalten und über das, was ihr gelesen habt, zu reden, also nicht nur abnicken und weiterlesen. Falls im Text zu viele Gedanken auf einmal aufkommen, macht euch zwischendurch stichpunktartige Notizen.
- Lest noch einmal genau, was David Schnarch als Eigenschaften von Starkstromsex beschreibt. Nehmt euch jeden einzelnen Punkt vor und fragt euch, ob ihr das kennt oder kennenlernen wollt.
- Lest gemeinsam und laut immer wieder die Kapitel »Energetische Sexualität – wie es geht« und »Schmerzkörperarbeit im Alltag« und sprecht auch immer wieder darüber, ob es für euch eine Option ist, die energetische Liebe (also energetische Sexualität *und* Schmerzkörperarbeit) praktisch umzusetzen. Wenn ihr euch nicht sicher seid, dann wartet, bis ihr zu einer

eindeutigen Einschätzung gekommen seid. Redet erst einmal darüber. Aber auch, wenn ihr bereits damit begonnen habt, energetische Liebe zu leben, ist es sehr sinnvoll, diese beiden Kapitel immer wieder – vielleicht einmal pro Monat – zu lesen, alleine oder zu zweit. Ich kann dir nur sagen, dass auch ich, obwohl ich selbst sie geschrieben habe, meine Bücher immer wieder selbst lese und überrascht bin, dass ich Aspekte vergessen habe oder beim erneuten Lesen völlig neu bewerte. Auch ich mache immer wieder erstaunliche neue Entdeckungen – besonders dann, wenn eine Beziehung vorbei ist und eine neue beginnt (soll ja vorkommen…).

- Lest ebenso das Buch von David Schnarch »Die Psychologie sexueller Leidenschaft«. Das ist mit seinen rund 500 Seiten zwar ein längeres und recht anspruchsvolles Projekt, aber ich kann aus eigener Erfahrung sagen, dass es dieses Buch wirklich in sich hat. Kein anderes Buch über Sexualität hat mich so angeregt, über alle möglichen Aspekte von Sexualität und Paarbeziehung nachzudenken. Ich möchte damit gar nicht behaupten, dass ich Schnarch in allen Aspekten zustimmen kann, ganz im Gegenteil; ich bin in vielen Dingen anderer Ansicht als er, weil ich ganz andere Lebenserfahrungen gemacht habe. Außerdem ist Schnarch Sexual- und Paartherapeut, und er geht davon aus, den Klienten, die zu ihm kommen, in ihren meist recht verfahrenen Situationen ganz pragmatisch zu helfen. Das engt seinen Blick notgedrungen darauf ein, Sexual- und Beziehungsstörungen zu behandeln, und daher ist sein Hauptaugenmerk auf »Störungen« gerichtet. Das ist das Problem der meisten Sexualberater: Sexualität aus dem Blickwinkel der Störfaktoren, als Objekt von Krankheit, als isoliert behandelbares Phänomen. Das ergibt sich zwangsläufig aus der Situation eines Therapeuten, der meist auf recht verzweifelte Klienten trifft. Dennoch eignet sich dieses Buch hervorragend dazu –

eventuell auch gerade über den Widerspruch – über das Thema Sexualität im Gespräch zu sein und den eigenen Standpunkt deutlich zu machen. (Lies dazu, was David Schnarch über den Begriff »Differenzierung« zu sagen hat.)

- Ich meine übrigens nicht, dass es Sinn hat, die Bücher Wilhelm Reichs in diesem Zusammenhang zu lesen oder sich gar vorzulesen. Wer glaubt, »Die Funktion des Orgasmus« oder »Charakteranalyse«, könnten euch helfen, etwas über eure gelebte Sexualität oder über die eigenen Probleme zu verstehen, irrt gründlich. Ich sage das, gerade *weil* ich seit vierzig Jahren überzeugter »Reichianer« bin. Es sind Fachbücher, die ursprünglich für ein medizinisch-psychiatrisches Fachpublikum geschrieben wurden. Natürlich sind sie spannend und interessant, wenn man sich in das Thema einarbeiten will. Aber ich habe selbst vor vierzig Jahren und auch später die »Charakteranalyse« gelesen und bin immer wieder in die Falle geraten zu glauben, ich könnte mich damit analysieren und dabei etwas bisher Verborgenes über mich oder meine Partnerin herausfinden. Diese Bücher sind zur Selbst- und Partnerschaftsanalyse und zur Eigentherapie völlig ungeeignet. Aber sie sind unverzichtbar, wenn man sich ernsthaft die Frage stellt, in welcher Situation die Menschheit ist und worin der Zusammenhang zwischen der allgemeinen sexuellen Katastrophe und den individuellen charakterlichen Dispositionen der Menschen besteht.

Es gibt eine Fülle neuerer Literatur zum Thema Neo-Tantra, Karezza, Tao-Sex, Sexualmagie und viele Ratgeber, die Sexualität in der einen oder anderen Weise thematisieren. Natürlich ist es sinnvoll, sich damit zu beschäftigen. Ich habe es in den letzten Jahren schon deshalb intensiv getan, weil ich selbst darüber schreibe und notgedrungen ein Teil dieses Marktes bin. Ich habe dabei viel Gutes gefunden und immer wieder wertvolle Anregungen bekommen, aber eben auch genauso viele in meinen Augen dumme und unreflektierte, immer wieder kolportierte Vorurteile, Fehleinschätzungen, scheinwissenschaftliches Blabla und esoterische Banalitäten. Und was ernstzunehmende Gedanken und was dummes Geschwätz ist – in den Büchern meist bunt vermischt –, kann leider ohne tiefere Kenntnis kaum identifiziert werden. Ich könnte ein eigenes Buch darüber schreiben, all diese Bücher zu rezensieren und darüber hinaus die Webseiten und Seminarangebote, die meist parallel dazu vermarktet werden.

Bei den meisten dieser Bücher und Angebote fehlt mir die Seite, die ich im Kapitel über den Schmerzkörper angesprochen habe. Das heißt, in meinen Augen wird die Sexualität meist zu isoliert betrachtet, ohne die hinter all den Problemen bestehende gesellschaftliche und individuell-charakterliche Wirklichkeit mit einzubeziehen. Und weiterhin werden meiner Ansicht nach die Menschen mit ihren meist herzzerreißenden persönlichen Problemen alleingelassen, die vor allem dann entstehen, wenn man sich daranmacht, eine lebensbejahende, erfüllende Sexualität und Partnerschaft zu leben, also das, was ich mit »Schmerzkörperarbeit« bezeichne. Und was mir an vielen Büchern besonders missfällt, ist die oft unverhohlene oder auch hintergründige Absicht der Autoren, über diese Bücher an Klienten für ihre Beratungsarbeit oder an Teilnehmer ihrer Workshops kommen zu können. Viele sind mehr oder weniger Werbebroschüren, denn oft – zum Beispiel bei den sehr bekannten Büchern von Diana Richardson und besonders bei ihren Videos – wird vermittelt, dass man das Eigentliche nur in den Beratungen und Workshops erfährt. Dennoch halte ich es, wie gesagt, für eine gute Idee, sich mit dieser Literatur zu beschäftigen. Vielleicht sind ja Angebote dabei, die euch mehr zusagen und mehr geben, als die energetische Liebe, wie ich sie hier vorstelle.

Glaubst du, dass ich das Thema Sexualität zu wichtig mache und »die schönste Nebensache der Welt« zerquatschen will? Es gibt wie gesagt, kaum etwas Erotischeres, als sich vernünftig und auf einer sachlichen Ebene immer wieder konsequent mit dem Thema »unsere Sexualität« auseinanderzusetzen. Aber wenn ihr dazu keinen Zugang habt, kann man auch nichts machen. Manche Menschen können sich einfach nicht sachlich verständlich machen und zuhören und geraten in Spekulationen oder schlimmer noch, beginnen Streit oder reden aneinander vorbei. Vielleicht ist euch die geistige Ebene nicht zugänglich und ihr seid dennoch in der Lage, eine glückliche Sexualität zu leben. Vielleicht hilft euch dieses Buch jedoch auch, in eurer Beziehung zu einer besseren Gesprächskultur zu kommen.

Noch ein paar Worte dazu, ob es vielleicht sinnvoll wäre, eine Sexual- oder Paartherapie zu beginnen. Ich schreibe dieses Buch nicht für Menschen, die in einer verzweifelten Lage sind und die versuchen, eine eigentlich schon verfahrene Beziehung – was sich wahrscheinlich in sexuellen Störungen ausdrückt – zu retten. Wenn das der Fall ist, dann legt besser dieses Buch zur Seite und vertraut euch einem guten Paartherapeuten an. Ich bin kein Therapeut, und ich kann auf dieser Ebene überhaupt nicht mitsprechen. Ich glaube auch nicht, dass sich mit Hilfe der Inhalte dieses Buches gravierende Sexual- oder Beziehungsstörungen verstehen, behandeln oder gar beheben lassen. Ich wende mich an Menschen, die ihre Sexualität und ihre Lebenssituation grundsätzlich bejahen, die noch nicht resigniert haben, die keine Drogen- oder Alkoholprobleme haben, die nicht in unglücklichen Beziehungen leben und die keine gravierenden psychischen Probleme wie Depressionen, Süchte oder Gewaltproblematiken mit sich herumschleppen. Ich wende mich mit diesem Buch an Menschen, die verstehen, dass es in der tatsächlich gelebten Sexualität *mehr geben müsste* als das, was sie bisher erleben, dass dieses *Mehr* jedoch noch im Ungewissen liegt, die aber fühlen, dass sie zu einer sinnhaften, lebendigen, sich selbst regulierenden Sexualität fähig wären.

Eine andere Option, mit der viele liebäugeln, die in der Situation sind, dieses *Mehr* entdecken zu wollen, sind sogenannte Tantrakurse. Ob das sinnvoll ist, ist auch für mich eine wirklich schwer zu beantwortende Frage. Ich selbst habe mich konsequent dagegen entschieden, in diese Richtung zu gehen. Ich habe dreizehn Jahre lang sehr intensiv buddhistischen Tantra praktiziert und bin – sozusagen als »Hardcore-Tantriker« – mehr als skeptisch, ob das, was da angeboten wird, überhaupt irgendwas mit »Tantra« zu tun hat. Tantra ist für mich ein möglicher Weg zur Erleuchtung gewesen, ein System religiöser Übungen und Praktiken, das so rein gar nichts mit partnerschaftlicher Sexualität zu tun hat. Wenn ich nun mal davon abstrahiere (das fällt mir schwer, weil es in meiner Weltsicht ein wirklich unseriöses Spiel mit vollkommen falsch verstandenen esoterischen Bedeutungen ist) und verstehe, dass der Begriff »Tantra« nun inzwischen für eine andere Sicht auf die Sexualität steht, begegnen mir zwei grundlegende Widersprüche:

Zum einen wird oft versucht, die Sexualität künstlich zu »spiritualisieren«, über sogenannte Rituale, über Yoga-Übungen, über rituelle Sexualpraktiken, über Massagen und einiges mehr in dieser Richtung. Für mich sieht das so aus, als wollte man hier künstlich in die Sexualität etwas »Heiliges« hineininterpretieren und als »spirituelle Soße« darüberkippen. Sowohl Spiritualität als auch Sexualität erlebe und wünsche ich mir anders, als sie dort angeboten werden. Sexualität hat für mich und für andere, die sie so intensiv erleben, wie ich sie in der energetischen Liebe beschreibe, per se eine transzendentale Ebene. Indem versucht wird, diese Ebene über Übungen und Rituale zu »machen«, kann sie genauso auch blockiert und banalisiert werden. Ich fürchte, man kann die Essenz den Menschen nicht wirklich »beibringen« und das Unaussprechliche, das, worauf es ankommt, verkommt dann zu leeren Floskeln und abstrakten Handlungen. Gemacht werden diverse Übungen und Rituale, gelebt wird dann – wenn der Kick des Neuen verflogen ist – doch wieder das altbekannte »Sex-Machen«.

Das andere Problem sehe ich darin, dass Menschen »Tantra« als eine Art Strohhalm nutzen, an dem sie sich aus dem Sumpf liebloser Sexualität zu befreien versuchen. Das kann gutgehen, das kann aber auch gründlich nach hinten losgehen. Die Seminar- und sogenannten »Jahrestrainings«-Angebote sind oft extrem teuer und machen auf mich den Eindruck, als ob das sexuelle Leid, die Sprach- und Gedankenlosigkeit, in der sich viele Menschen einsam und verloren wiederfinden, die wissen und fühlen, dass da dieses *Mehr* sein kann, rigoros und konsequent ausgebeutet werden soll. Es ist das Super-Luxus-Angebot im spirituellen Supermarkt – und bezahlt werden muss, bevor man feststellen kann, ob in der Packung auch wirklich etwas Brauchbares drin ist. Ich würde den vielen schön gestylten, oft esoterisch und schwärmerisch blumig formulierten Angeboten immer eine gesunde Portion Skepsis entgegenbringen.

Energetische Liebe – ein persönlicher Überblick

Ich spreche von einer Form von Sexualität, die auf die Qualität der Erfahrung von Liebe setzt, die in der sinnlichen Begegnung über die genitale und seelische Vereinigung liegt.

Menschen, die in der zweiten Lebenshälfte oder im letzten Drittel ihres Lebens stehen, haben eine großartige Chance, sexuelle Erfüllung in ihrer ganzen Bandbreite neu und ihrer ganzen Schönheit zu erleben. Ich bin jetzt 65 Jahre alt. Vor sieben Jahren habe ich begonnen, Sexualität neu zu verstehen und sie auch ganz anders zu leben. Der Prozess, der damals eingesetzt hat, ist nicht abgeschlossen – er wird es wahrscheinlich nie sein – aber der Weg hat sich sehr bald als eine großartige Wendung meines Lebens gezeigt, und ich möchte diese Erfahrung nicht mehr missen und immer tiefer hineingehen.

Den Weg, den ich hier beschreibe, nenne ich »energetische Liebe«. Die energetische Liebe umfasst zwei Bereiche: einerseits die *energetische Sexualität*, die im wesentlichen darauf basiert, sich ohne vorher »gemachte« sexuelle Erregung genital zu vereinen und zwar möglichst täglich (bei Bedarf auch mehrmals) und dabei – das ist das Wesentliche daran – miteinander in tiefem seelischem und körperlichen Kontakt zu sein bis hin zur Erfahrung der Auflösung des Ichs in einem kosmischen Ich Bin; andererseits gehört zur energetischen Liebe die *Schmerzkörperarbeit*, die darin besteht, sich der emotionellen Schmerzen bewusst zu werden, die im Lebensprozess – und gerade auch durch die Konfrontation mit erfüllender sexueller Liebe – immer wieder auftreten, und diesen Schmerzen angemessen zu begegnen.

Ich habe in diesem Lebensalter die Chance, mein Leben neu zu gestalten, wenn die Kinder erwachsen sind, wenn der Berufsweg weitgehend abgeschlossen ist, wenn die Anhäufung materieller Güter nicht mehr im Vordergrund steht. Natürlich war es nicht einfach, sich aus den vielen Verflechtungen zu lösen, die ich auf diesem Weg geschaffen habe. Dennoch ist es das, was ich auch bei sehr vielen Menschen in meinem Alter sehe: Die alten Bezüge zerfallen. Langjährige Beziehungen gehen auseinander. Die Kinder gehen ihren eigenen Lebensweg. Ich bin noch aktiv im Berufsleben, indem ich Bücher schreibe, Seminare veranstalte und Orgon-Geräte nach Wilhelm Reich herstelle. Und ich habe viele Pläne, was ich noch alles beruflich tun möchte, nicht in erster Linie um Geld zu verdienen, sondern weil ich mich weiterhin über meine Arbeit verwirklichen will, wie ich es mein ganzes Leben lang tat. Ich will weiterhin neue Geräte, Filme und Hörbücher produzieren, Vortragsreisen machen und mich auf neue Entwicklungen einlassen. Ich bin noch zu jung dafür, als Rentner das Leben damit zu verbringen, die Enkel zu hüten, Verwandte und Bekannte zu besuchen, Reisen im Wohnmobil zu machen und Konzerte und Ausstellungen abzuklappern. Ich bin nicht »alt«, aber ich mag auch keine aufgesetzte Jugendlichkeit zur Schau stellen und so tun, als sei ich erst dreißig Jahre alt. Ich möchte die Chancen, die in meiner Lebenssituation liegen, in ihrer ganzen Fülle nutzen. Ich möchte vor allem lieben, ich möchte mit meiner Partnerin erfüllende und erfüllte Sexualität leben. Und ich tue es ganz bewusst. Ich habe ganz gezielt nach einer Frau gesucht, die dasselbe Interesse hat, und es hat Jahre gedauert, sie zu finden.

In den letzten Jahren bin ich vielen Menschen begegnet, die in einer ähnlichen Lebenssituation waren, vor allem Frauen, die sich nicht damit abfinden wollen, dass es nun ihr Schicksal sein sollte, »alt zu werden«. Und das bedeutet sehr oft, entweder unerfüllte, unbefriedigende Sexualität zu erleben oder aber eine weitgehend unsexuelle Existenzform zu wählen.

Was ich hier als energetische Liebe beschreibe, ist keine neue Sexualtechnik, kein bestimmtes trainierbares Verhalten. Es ist die Entscheidung, die Liebe, die sexuelle Liebe, in den Mittelpunkt des Lebens zu stellen und alle anderen Aspekte des Lebens von diesem Zentrum des Lebens heraus neu zu gestalten. Früher standen die Verpflichtungen aus Beruf, Familie und dem Aufbau von »sicheren« Lebensumständen im Mittelpunkt, und die Sexualität hatte sich den Gegebenheiten unterzuordnen. Das bedeutete: Erst wenn alles andere geregelt war, wenn die Kinder im Bett waren, wenn es der Berufsstress zuließ, wenn Freunde und Bekannte ihre Aufmerksamkeit bekommen hatten, wenn Unternehmungen wie Sport, Meditation, Theater- oder Kinobesuche, politische Tätigkeiten und was auch immer erledigt waren, bekam die sexuelle Liebe ihren dadurch meist äußerst begrenzten Raum. Die Vermutung liegt nahe, dass all diese Verpflichtungen aufgebaut wurden, gerade damit die Sexualität nicht die Zeit und den Raum bekommt, der ihr eigentlich zusteht.

Ich kann nun deutlich sehen, dass all diese Verpflichtungen – ich wollte eigentlich nur »gut leben« – mich an der Verwirklichung sexuellen Glücks behindert haben. Nun habe ich den Zusammenbruch all dieser äußeren Gegebenheiten durchschritten. Zuerst hatte ich versucht das Leben, wie ich es bisher aufgebaut hatte, vor dem Zerfall zu schützen, und ich habe alles versucht, um meinen Lebensstandard und die Beziehungen zu Menschen, die mich als Partner, als Familie und Freunde über viele Jahre begleitet hatten, um jeden Preis aufrechtzuerhalten. Erst nach Jahren nahm ich das Leben an, wie es sich zeigte, und ich begrüßte, dass der Lebensentwurf, den ich fast zwanzig Jahre gepflegt hatte, völlig zerbrach. Und nach diesem Prozess verstand ich, dass ich mich immer danach gesehnt hatte, eine sexuell erfüllte Liebe zu leben. Das ist die Chance, die sich in meinem letzten Lebensdrittel herauskristallisiert hat: wenn ich alte Wege verlassen habe, in der

Tiefe meines Herzens zu verstehen, was es wirklich bedeutet, die Liebe zu leben.

Was die energetische Liebe genau ist, kann ich dir auch nicht sagen. Das kann nur jedes Paar, das sich entschließt, sie zu leben, für sich selbst entdecken. Ich möchte dir hier einige Grundgedanken vermitteln.

Es geht darum, sich für die Sexualität viel Raum und Zeit zu nehmen, es geht darum, keine Vor-Erregung herzustellen und das »Machen« so weit wie möglich ganz sein zu lassen. Und es geht darum, die Erregung, die aus der genitalen Vereinigung als selbstregulierte Erfahrung entsteht, zu bemerken und zuzulassen, sie zu »belassen«, ohne sie wegzudrängen oder durch »Sex-Machen« zu steigern. Es geht darum, sich auch seelisch zu vereinen und die körperliche Liebe über die Genitalien mit der seelischen Liebe über die Augen zu verbinden – den Herz-Kontakt zuzulassen. Es geht darum, über die körperlich-seelische Verschmelzung die Erfahrung von Erfüllung, die dein Partner erlebt, genauso intensiv zu erleben wie die eigene Erfüllung. Das ist die Erfahrung des »Eins-Seins«: die Erfahrung, dass der andere und ich in einem gemeinsamen Bewusstseinszustand sind, in der »Ich« und »Du« als Einheit erlebt werden, ein völlig bewusster Zustand der Aufhebung jeder Trennung. Es geht darum, sich gegenseitig zu »erkennen«, wie diese tiefe Erfahrung von sexueller und seelischer Liebe schon im alten Testament der Bibel genannt wird.

In dieser Erfahrung des Erkennens liegt die tiefe Glückseligkeit der sexuellen Verschmelzung. Es ist die Aufhebung der Grenzen, in denen Menschen körperlich, emotionell und geistig gefangen sind. Es ist die schönste Erfahrung, die ich in der menschlichen Liebe machen kann: wenigstens einmal täglich die Grenzen zu verlassen, in denen ich mich als Mensch bewege, und mit meiner Partnerin in die Erfahrung der sexuellen, energetischen und kosmischen Verschmelzung hineinzugehen.

Was sich dann für mich eröffnet hat, ist eine spirituelle Dimension der sexuellen Liebe, die ich so deutlich gar nicht erwartet hatte.

Das alles kannst du, wie gesagt, nur selbst entdecken, zusammen mit deinem Partner, deiner Partnerin. Ich werde hier versuchen, meine Erfahrungen mit der energetischen Liebe zu schildern, aber immer in dem Bewusstsein, dass das, was ich erlebt habe, nur ein mögliches Beispiel sein kann. Jeder Mensch, jedes Paar, wird eine eigene Form finden müssen. Auch wenn ich annehme, dass es gewisse Parallelen geben kann, denke ich, dass die tatsächlich gelebte energetische Liebe bei jedem Paar ganz unterschiedlich aussehen wird. In den letzten sieben Jahren habe ich nacheinander sechs Beziehungen gehabt. In jeder der Beziehungen habe ich die energetische Liebe gelebt, und in jeder sah sie völlig anders aus.

Eines ist mir sehr wichtig: Es geht nicht um neue Regeln, neue Verbote und Einschränkungen, es geht ganz bestimmt nicht um eine neue sexuelle Norm oder neue moralische Ansprüche, auch wenn der Verzicht auf emotionelle und sexuelle Vorerregung (viele Männer) schrecken mag und das Postulat, sich jeden Tag zu vereinen (von vielen Frauen) als eine Zumutung begriffen werden könnte. Es geht darum, bestimmte eingefahrene Wege zu verlassen und neue, tiefe Erfahrungen zuzulassen. Damit habe ich die alten Formen des »Sex-Machens« nicht verlernt. Tatsächlich stehen sie mir als Alternative immer noch zu Verfügung, und wenn es mir und meiner Partnerin Spaß macht, können wir immer noch darauf zurückgreifen, ganz altmodisch erregenden Sex zu haben. So gesehen, erweitert die energetische Liebe das Spektrum sexueller Erfahrungen auf einen Schlag um mindestens 100%. Tatsächlich jedoch werdet ihr euch, sobald ihr beginnt, die energetische Liebe zu leben, intensiver und bewusster und wahrscheinlich auch kritischer mit den Formen von Sexualität befassen, die ihr bisher als »normal« begriffen habt.

Das führt zu einer weiteren Eigenschaft der energetischen Liebe: Du wirst dich auch geistig auf einer anderen Ebene als bisher mit Sexualität auseinandersetzen. Das Gespräch, das sich gegenseitig Vermitteln über das Erlebte, bekommt einen ganz neuen Stellenwert. Zwei Menschen entscheiden sich, die sexuell gelebte Liebe in den Mittelpunkt ihres Lebens zu stellen, und es ist ganz entscheidend, sich darüber auszutauschen und ihr auch geistig den Raum zu geben, den die Liebe nun einmal braucht.

Das klingt alles ziemlich ideal und zu schön, um wahr zu sein. Tatsächlich haben wir es auch mit der anderen Seite zu tun: mit Absperrung, Verdruss, Aggression, mit Vorwürfen und gegenseitiger Ablehnung – mit dem was ich als »Schmerzkörper« bezeichne. Ich beziehe mich dabei auf das Konzept, das auch von Eckhart Tolle genutzt, aber auch schon in der uralten, vorbuddhistischen Tradition des Bön beschrieben wird. Letztlich ist es das, was Wilhelm Reich als »Charakterneurose« bezeichnet, die innere Abgrenzung, der innere Kampf mit der eigenen Schattenseite. Ich mag mich hier jedoch nicht auf eine psychotherapeutische Terminologie beziehen, weil es mir eben nicht um Krankheit und Therapie geht, sondern um das, was jeder Mensch tagtäglich erlebt und womit er sich vor allem in Liebesbeziehungen immer wieder konfrontiert sieht. Es ist die Seite in mir und in jedem anderen Menschen, die unbewusst daran interessiert ist, die tiefe Liebeserfahrung zu verhindern, die den Schmerz will und sucht und die den Liebespartner dazu benutzt, emotionelle Schmerzen zu geben und zu bekommen.

Die konventionelle Erregungssexualität, so wie sie fast ausschließlich gelebt wird, findet innerhalb des Rahmens von Absperrung statt, in den Menschen hineingeraten, wenn sie immer wieder unbewusst in die Schmerzkörpererfahrung hineingehen, sich gegenseitig Probleme machen und sich auf die eine oder andere Weise irgendwann wieder vertragen und dann im Bewusstsein leben, dass die Einheit in jedem Moment wieder zerbrechen kann. So gelebte Sexualität führt ganz automatisch zum »Machen« von Erregung und deren mehr oder weniger mechanischer Abfuhr. Sie wird dann selbst eine Form von Absperrung, in der es darum geht, bestimmte Handlungen durchzuführen, von denen die Partner aus Erfahrung wissen, dass sie zur Erregung und im besten Fall zur Lösung im (sogenannten) Orgasmus führen. Nähe, Intimität, Fließenlassen, sich Raum und Zeit geben, liebevolle Verschmelzung sind dabei oft nebensächlich und gehen dabei über kurz oder lang zugrunde.

Sich des Schmerzkörpers bewusst zu werden, ist eine notwendige Voraussetzung dafür, sich auch des liebevollen Kerns bewusst zu sein. Der energetische Kern ist das in mir, was liebt: der Mensch, der ich im Inneren wirklich bin und als den ich mich eigentlich sehe und den ich leben möchte. Die Erfahrung, im Kern zu sein und aus ihm heraus zu handeln, ihn nach außen zu leben, haben alle Menschen gemacht. Du warst dort, wenn du als Kind im Spiel versunken warst und später, nachdem du durch Erziehung und emotionelle Not schon längst den direkten Bezug zum Kern verloren hattest, hast du ihn wieder erlebt, wenn du dich verliebt hast und endlich wieder der liebevolle, attraktive, kraftvolle, genussfähige, fröhliche und zugängliche Mensch warst, der du eigentlich immer sein wolltest. Deshalb ist die Erfahrung des Verliebtseins so anziehend: Für eine kurze Zeit kannst du wieder der Mensch sein, der du immer sein wolltest, als den du dich innerlich immer gesehen hast. Endlich sieht dich auch ein anderer Mensch so. Du spiegelst seinen Kern, er spiegelt deinen.

Dann erlebst du wieder den Schmerzkörper, den Teil in dir, der Schmerz will und sucht. Plötzlich wird der Mensch, in den du dich einmal verliebt hast, zu einem Monster. Und du wirst das Monster für ihn. Ihr benutzt nun beide die Beziehung, um Schmerz zu erleben. Dass dies so ist, leugnet der Schmerzkörper, und damit bleibt er verborgen. Er übernimmt einen großen Teil deiner Identität, und indem du diesen dunklen und destruktiven Anteil in dir leugnest, leugnest du auch deinen Kern. Du existierst dann in einer relativ angenehmen aber leblosen emotionellen Grauzone.

Die energetische Sexualität kann nur aus dem Kern heraus gelebt werden. Der Schmerzkörper kann nicht energetisch lieben, er kann »Sex machen«, aber er kann nicht lieben. Und in der emotionellen Grauzone befindest du dich in einer ständigen inneren Erwartung, dass intensive liebevolle Gefühle dich oder deinen Partner aus der Erfahrung der Intensität direkt in den Schmerz hineinbringen. Das hast du wahrscheinlich schon oft erlebt: Obwohl du dich nach intensiv erlebter sexueller Liebe sehnst, fürchtest du dich gleichzeitig davor, in diese Intensität hineinzugehen und verhinderst sie.

Ich will dir nichts vormachen: Die energetische Liebe wird dich genau mit diesem Konflikt konfrontieren, und das ist alles andere als angenehm. Zwar werden keine neuen Konflikte geschaffen, aber die Absperrungen, in denen du dich bereits bewegst, werden gnadenlos ans Licht geholt, indem sie dir und deinem Partner bewusst werden. Daher umfasst die energetische Liebe zwei Aspekte: die energetische Sexualität *und* die Schmerzkörperarbeit. Und die besteht einzig und allein darin, den Schmerz zu sehen und zu belassen, ihn also weder zu verdrängen noch die Inhalte, über die sich der Schmerz aktiviert hat, zu einem besonders wichtigen Thema zu machen. Wenn Schmerz da ist, wird er als das gesehen, was jetzt da ist.

Im akuten Anfall von Schmerz ist energetische Liebe nicht möglich. Aber wenn du nicht im Schmerz bist, wenn dein Bezug zum gesunden energetischen Kern da ist, dann bist du in der Situation, dich mit deinem Partner zu vereinigen und dies als den natürlichen Ausdruck des Lebens zu empfinden, das gelebt werden will und das du genau jetzt ganz selbstverständlich leben willst. Oder ganz direkt gesagt: Sobald du im Kern bist – in der Liebe, im Herzen – ist die sexuelle Vereinigung das Natürlichste und Selbstverständlichste überhaupt. Andererseits: Wenn du (oder dein Partner) dich mit irgendeinem Argument gegen eine sexuelle Vereinigung wehrst, wenn deine Gefühle ablehnend sind, wenn du körperliche Schmerzen oder Symptome wie zum Beispiel Entzündungen oder Pilzerkrankungen hast, ist ein Schmerzkörper aktiv – und da dies sehr oft unbewusst geschieht, ist hier erheblicher Konfliktstoff verborgen. Ich weiß, wovon ich rede. Und ich vermute: Du weißt es auch.

Natürlich steht diese Erfahrung, dem Schmerzkörper und dem energetischen Kern bewusst zu begegnen, jedem Menschen in jedem Alter offen. Natürlich wäre es wünschenswert, wenn schon Kinder und Jugendliche mit dieser Sichtweise vertraut wären. Aber ich sehe in der Wirklichkeit unserer Kultur, dass besonders ältere Menschen neue Chancen haben, nachdem sie mit Beruf, Familie und gesellschaftlichem Status ihre mehr oder weniger erfolgreichen Erfahrungen gemacht haben. Ältere Menschen wissen meist, wer sie sind, sie haben die Entwicklung ihrer Persönlichkeit weitgehend abgeschlossen, haben weniger Profilierungsängste, müssen sich und ihrer Umwelt nichts mehr beweisen. Ältere Menschen können eine ganz andere, neue Motivation entwickeln, die sexuelle Liebe in den Mittelpunkt des Lebens zu stellen und alles andere so zu organisieren, dass die sexuelle Liebe als zentraler Angelpunkt des Lebens bestehen kann.

Mir ist bewusst, dass dies nur für einen sehr kleinen Teil der Menschen wirklich umzusetzen ist. Und ich meine zu wissen, was der wirkliche Grund dafür ist, warum einige Menschen die sexuelle Liebe leben können und viele eben nicht: Es sind die gesunden beziehungsweise neurotischen Charakterstrukturen. Diese zu erkennen, ist eigentlich nicht schwierig, sondern so offensichtlich, dass sie meist nicht gesehen werden. Die Charakterstruktur eines Menschen zeigt sich ganz offen in der Lebenssituation, die er/sie um sich herum organisiert hat.

Ich habe mich ein Leben lang in einem alternativen Umfeld bewegt. Ich war in den 70er und 80er Jahren in der linken Szene Westberlins unterwegs, habe in kollektiven Betrieben gearbeitet und in Kommunen gelebt, habe spirituelle Erkenntnis bei verschiedenen Organisationen und Gurus gesucht. Ich habe mich mit alternativen Therapie- und Gesundheitsmethoden beschäftigt und darin jahrzehntelang gearbeitet, habe als Filmemacher, Autor und Publizist Aufklärung betrieben, habe Religionswissenschaft und Geisteswissenschaften studiert, habe mich gesund ernährt und als Koch gearbeitet. Kurz gesagt: Ich habe mein Leben als Experiment begriffen und versucht, alles »richtig zu machen«. Vor allem hat mich immer interessiert, wie sexuelles Glück realisiert werden kann.

Ich bin trotzdem in die Falle gegangen (oder: Ich hatte die Falle nie verlassen), ich habe – als ich Frau und Kinder hatte – beruflichen Erfolg angestrebt und auch viel Geld verdient, habe Schulden gemacht und ein Haus, Pferde, Autos gekauft und mich in Abhängigkeiten begeben, die mich in Form von Existenzangst jahrelang im Griff hatten.

Ich habe immer wieder geglaubt, es gäbe irgendwelche Autoritäten, irgendwelche Ideologien, irgendwelche Methoden, die mir helfen würden, ein besserer Mensch zu werden, erleuchtet und glücklich zu werden. Ich habe geglaubt, ich könnte glücklich werden, wenn ich alles richtig mache. Das klingt so blöde, wie es ist. Und mit diesem Konzept stehe ich nicht alleine da. Ob nun ein alternativer Lebensentwurf dahintersteht oder ob man sich ein Leben lang als braver Angestellter in der Mühle befunden oder als Hausfrau die Kinder und das Haus gehütet hat. Dieses Konzept, Autoritäten und vorgefertigten Modellen der Glückssuche zu folgen und alles »richtig zu machen«, ist für mich und ebenso für viele andere Menschen gescheitert. Und auch hier: Dies zu erkennen, ist älteren Menschen vorbehalten, die mit verschiedenen Wegen, »das Glück zu organisieren«, ihre Erfahrungen gemacht haben. Ob man daraus allerdings die Konsequenzen ziehen und alle Heilsversprechungen hinter sich lassen kann, ist eine Frage der Charakterstruktur.

Ich bin in den letzten Jahren zur Einsicht gekommen, dass nur ich selbst die Autorität sein kann, die mir erlaubt, mein Leben so zu gestalten, dass ich – zusammen mit meiner Partnerin – glücklich sein kann. Und ich erlebe täglich, dass sexuelles Glück tatsächlich realisiert werden kann, wenn man die Dinge vom Kopf auf die Füße stellt.

Nachdem ich nun sieben Jahre lang die energetische Liebe gelebt habe, weiß ich, dass dies genau das ist, was ich mein Leben lang gewollt habe. Wenn ich mit anderen Menschen darüber rede – oft komme ich mit fremden Menschen darüber ins Gespräch – höre ich, dass alle davon träumen, eine sexuell erfüllte, echte Liebesbeziehung zu leben. Das ist, warum Männer und Frauen zusammen sind: die körperliche und seelische Liebe zu leben. Am Anfang jeder Beziehung, wenn die Verliebtheit und der Sex sehr oft noch aufregend und erfüllend sind, steht die Hoffnung, dass dieses Glück jetzt endlich für den Rest des Lebens gelebt werden kann.

Nach diesen Jahren ist für mich die energetische Liebe so selbstverständlich geworden, dass ich mich immer wieder wundere, warum diese einfache und völlig natürliche Art, mit mir selbst, mit meiner Partnerin und der Welt umzugehen, so ungewöhnlich ist. Ich erlebe die Menschen, die alle in ihrer individuellen Katastrophe gefangen sind und damit die gesellschaftliche, ökologische und spirituelle Katastrophe produzieren, in der alle leben. Und ich erlebe, dass ich tatsächlich aus diesem Teufelskreis heraustreten kann und mich bewusst für die energetische Liebe entscheiden und sie als meine Wirklichkeit leben kann. Ich hatte also tatsächlich eine Wahl und ich habe gewählt. Gilt das nur für mich und meine Partnerin, oder kann das jeder?

Können Menschen nicht glücklich sein, weil sie in dieser gesellschaftlichen Katastrophe leben, weil diese lustfeindliche Gesellschaft ihre Verbote mit aller Macht gegen die Interessen der Menschen durchsetzt und weil sie diese Verbote auch selbst als sexualfeindliche Moral, als emotional-geistig-körperliches Konzept, als neurotische Charakterstruktur verinnerlicht haben? Oder schaffen Menschen selbst diese Katastrophe, um sich vor der Erfahrung des Schmerzkörpers und damit auch vor der tiefen sexuellen Erfüllung zu schützen? Schaffe ich diese gesellschaftliche Instanz damit nicht selbst? Was ist hier Ursache, was Wirkung? Und wo liegt der Ausweg aus der Falle? Gibt es einen Ausweg? Oder biete ich hier auch wieder nur eine Scheinlösung an? Kann ich, kannst du das eigene sexuelle Glück inmitten eines Ozeans von Unglück realisieren?

Ich muss nicht jede Frage beantworten. Vielleicht ist es nur wichtig, die richtigen Fragen zu stellen, und das Leben wird Antworten finden.

Energetische Sexualität

Die energetische Liebe bedient sich der Erkenntnisse von Wilhelm Reich über die Funktion des Orgasmus, von Barry Long über »Making Love«, von verschiedenen Autoren, die »neo-tantrische« Sexualität lehren und von Karezza, der Lehre von der nicht-orgastischen Sexualität. Und die energetische Liebe basiert auf spirituellen Erkenntnissen von Jed McKenna, Barry Long und Eckhart Tolle sowie der energetischen Wahrnehmung und lebendigen Meditation, wie ich sie gelehrt habe. Und dennoch ist die energetische Liebe nichts von alledem. Sie ist eigenständig. Die energetische Liebe besteht aus zwei gleichwertigen Komponenten: der *energetischen Sexualität* und der *Schmerzkörperarbeit*. Jetzt stelle ich zunächst die energetische Sexualität dar.

Es geht vor allem darum, vor und in der genitalen Vereinigung das »Sex-Machen« zu vermeiden, also sexuelle Erregung und deren Lösung im Orgasmus nicht künstlich herzustellen oder zu manipulieren, sondern die körperliche, emotionelle und seelische Erregung zu leben, die bereits da ist und die aus der Begegnung der Liebenden in der Situation selbstreguliert entsteht. Es geht darum, den Körper und die Seele das fühlen zu lassen, was jetzt da ist, und dabei den Verstand und die verstandesmäßig produzierten Emotionen weitgehend auszuschalten. Es geht darum, dass die Liebenden den tiefsten Kontakt zulassen und immer tiefer in diesen Kontakt hineingehen.

In der energetischen Sexualität erleben beide die feinen und auch die gewaltigen Energieströme, die über Genitalien und die Augen und über das gesamte Energiesystem zu fließen beginnen und ihre eigene Dynamik entwickeln. Die Energieströme sind echt und sinnlich und als physische und seelische Wahrnehmung so real erfahrbar wie jede andere Sinneswahrnehmung. Diese energetische Wahrnehmung korrespondiert deutlich mit dem energetischen Hören und Sehen sowie der Erfahrung des inneren Körpers und des plasmatischen Strömens. Die Erfahrung der Energieströme kann und soll keinesfalls »gemacht werden«, sondern erscheint spontan und ohne alle Regeln.

Die energetische Sexualität ist eine spirituelle Erfahrung, die die Wahrheit des Ich Bin oder von Gegenwärtigkeit in der Vereinigung verwirklicht. Diese Spiritualität ist natürlich, ungeplant und wie die Erregung ohne jedes »Machen«, ohne Manipulation durch den Verstand, das heißt ohne Rituale, ohne Meditation, ohne jeden Plan.

Die energetische Sexualität ist die tiefe Erfahrung von Einheit. Die seelische und sexuelle Verschmelzung setzt voraus, dass sich zwei Menschen verbinden, die sich als eigenständige und unabhängige Wesen erleben, die eine echte Partnerschaft eingehen, aber keine emotionelle Verschmelzung, keine systemische Abhängigkeit zulassen, und dass sich zwei autonome, erwachsene Menschen mit gefestigter Persönlichkeit begegnen, die genau wissen, wer sie sind, und die ihren Partner und das gemeinsame Leben frei und bewusst gewählt haben.

Die energetische Sexualität setzt voraus, dass beide Partner für sich selbst und gemeinsam mit dem emotionellen Schmerz umgehen können und sich so auch der dunklen, zerstörerischen Seite ihrer Charakterstruktur bewusst werden. Der Sinn liegt nicht in der Vermeidung von Schmerz oder dem Sieg über den Schmerzkörper, sondern in der Anerkennung, dem »Belassen« als das, was ich jetzt und hier bin, auch im Schmerz. Nur die bewusste Begegnung mit dem Schmerzkörper in der aktuellen Situation seines Auftretens kann ihm die Macht nehmen, die Schönheit und Süße der energetischen Sexualität wieder zu zerstören.

Die energetische Sexualität ist keine sexuelle Technik, und sie erfordert keine bestimmten Handlungen oder versucht irgendwelche sexuellen Spielarten zu verhindern oder gar zu verbieten. Ihr Wesen ist die Regellosigkeit und überraschende Neuheit jeder einzelnen Vereinigung. Sie kann als stundenlanges, fast bewegungsloses ineinander Ruhen erlebt werden oder auch als heftiges, unkontrolliertes Ficken. Es kann möglich sein, in der stillen Vereinigung miteinander einzuschlafen, und genauso, miteinander in ein angeregtes Gespräch zu kommen.

Die energetische Sexualität erfordert, sehr viel Zeit und Intensität in die sexuelle Begegnung in einer festen Partnerschaft zu investieren. Für viele Menschen, die sich in komplexen sozialen, psychischen, beruflichen Systemen bewegen, mag dies von vornherein viel zu aufwendig sein. Gerade deshalb ist die energetische Sexualität ideal für ältere Menschen geeignet, die sich bewusst entscheiden, die sexuelle Erfahrung in das Zentrum ihres Lebens zu stellen, und die auch in ihrer Lebensgestaltung die Möglichkeiten haben, diese Entscheidung ganz praktisch umzusetzen.

Obwohl die energetische Sexualität »regellos« ist, ist es angesagt, dass sich die Liebenden auf bestimmte Bedingungen einigen, die sich als vorteilhaft erwiesen haben. Aber auch diese Bedingungen sollten nach einer anfänglichen Übungszeit jederzeit auf den Prüfstand gestellt und verändert werden können. Gerade weil sich zwei erwachsene, bewusste Menschen verbinden, kann jedes Paar seine eigenen Bedingungen setzen und immer wieder verstehen, ob und inwiefern die energetische Sexualität noch ihren echten Bedürfnissen entspricht. Jede Partnerschaft ist anders. Immer verbinden sich zwei einzigartige Individuen mit spezifischen Charakterstrukturen, und sie erschaffen mit ihrer Partnerschaft eine neue Struktur, ein eigenes System, von dem jeder Partner ein integraler Bestandteil ist. Die energetische Liebe ist kein Ideal, das erreicht werden soll, sondern entspricht dem, was in diesem System tatsächlich jetzt und hier gelebt werden kann. Dieses System kann also nur das beinhalten, was beide Partner aktuell zu leben bereit und fähig sind. Ob sich daraus weitere Entwicklungen ergeben – was sehr wahrscheinlich ist – kann nur die tatsächliche Erfahrung in der Zukunft zeigen, die dann auch wieder das aktuelle Hier und Jetzt ist. Das Verständnis dessen, was die energetische Sexualität ausmacht, ändert sich mit der Erfahrung. Es gibt kein Ziel, das angestrebt werden soll, und daher auch keine Pläne, wie die energetische Sexualität irgendwann aussehen soll.

Für den Anfang ist es sehr ratsam, die Bedingungen zu setzen, die ich hier vorgebe, einfach weil es eine Zeit des Lernens und Ertastens ist, in der es durchaus zu Missverständnissen und Unsicherheiten kommen kann. Ich rate daher dazu, diese Bedingungen erst einmal für vielleicht drei bis sechs Monate einzuhalten, einfach damit ihr die Sicherheit gewinnen könnt, dass und wie ihr mit der energetischen Sexualität umgehen und damit ihr euren eigenen Stil entwickeln könnt.

Diese Bedingungen sind:

- Vereinigt euch täglich.
- Vereinigt euch, wenn einer von euch den Wunsch äußert.
- Vereinigt euch nicht, wenn ein Schmerzkörper aktiv ist.
- Stellt keine Vorerregung her.
- Legt euch einfach zusammen hin und erfreut euch gegenseitig.
- Vereinigt euch sehr, sehr langsam, sobald ihr bereit seid.
- Kein Drang zum Orgasmus.
- Verlagert das »Sex-Machen« auf Selbstbefriedigung.
- Es kann geschehen, dass ihr »ficken« wollt. Lasst es zu.
- Geht freudig in den Orgasmus, sobald er sich ankündigt.
- Erkennt den Talorgasmus und genießt ihn.
- Orgastische Erfahrung im Alter: eine neue Tiefe erleben.
- Halte immer Kontakt zu dir selbst und zum Partner.
- Seht euch immer wieder in die Augen.
- Redet miteinander.

- Fühlt den Fluss und folgt der energetischen Wahrnehmung.
- Folge nicht deinen inneren Bildern und Gedankenketten.
- Achte auf die Präsenz deines Partners.
- Beendet es, sobald einer von euch fühlt, dass es genug ist.
- Jetzt geht es darum, wie ihr energetisch lieben lernen könnt.
- Lest dieses Kapitel mehrmals und sprecht darüber.
- Lernt, im Jetzt zu sein – jedoch macht aus der Liebe kein Ritual.
- »Liebe deinen Nächsten als dich selbst.«

Vereinigt euch täglich

...bei Bedarf auch mehrmals und organisiert eure Lebensumstände so, dass dies auch langfristig möglich ist.

Entscheidet euch, euch mindestens einmal täglich energetisch zu lieben, in die Vereinigung zu gehen, ohne dass eine spezielle Vor-Lust da sein muss, ein sexuelles Begehren oder »spitz sein«.

Diese Entscheidung verlangt wahrscheinlich mehr von ihr als von ihm, (obwohl es gerade auch im höheren Alter oft dazu kommt, dass die Frau mehr »Lust hat« als der Mann). Der Schmerzkörper desjenigen, der weniger Begehren hat, wird das Argument finden: »Endlich bekommt er, was er immer wollte – jeden Tag Sex. Und wenn ich nun mal keine Lust habe? Er kann mich doch nicht einfach besteigen wie ein Pferd!«

Klare Bedingungen zu schaffen, wann und wo ihr zusammenkommen werdet, wird euch besonders anfangs sehr helfen, Erwartungshaltungen abzubauen. Der Mann hat es eventuell viele Jahre lang erlebt, dass die Frau nur manchmal und unter oft unverständlichen Umständen bereit war, mit ihm zum Sex zusammenzukommen. Möglicherweise habt ihr versucht, Regeln aufzustellen oder zu verstehen, wie und wann der Partner zum Sex bereit ist. Vielleicht ist er es gar nicht.

Sobald die Phase der erhöhten Erregung der Verliebtheit vorbei war, hat sich einer der Partner mit der Zeit mehr und mehr vom Sex zurückgezogen. Sex, so wie ihr ihn bisher praktiziert habt, war auf die Herstellung von Erregung und deren Befriedigung ausgerichtet. Das funktioniert anfangs gut, führt aber langfristig sehr oft zu Abstumpfung durch Übersättigung.

Im Zeichen der Gleichberechtigung glaubten die Frauen, es nun genauso machen zu müssen wie die Männer. Ein Fehler wird nicht dadurch besser, dass er von vielen gemacht wird. Ihr habt Sex gemacht, Erregung produziert, und die Sexualität war darauf ausgerichtet, im (unvollständigen) Orgasmus zu enden. Viele Frauen haben sich dann konsequenterweise verweigert. Jede hat für sich die frustrierende Erfahrung gemacht, dass die Sexuelle Revolution offenbar nur zugunsten der männlichen Sexualität stattgefunden hat.

Diese Frage: »Wann und wie oft machen wir es?«, dürfte also in vielen Beziehungen mit schwierigen Emotionen belastet sein. Seid froh, wenn ihr beide eine Struktur habt, die eine Aussage zulässt wie zum Beispiel: »Okay, wir machen es einmal jeden Tag am Morgen (oder Abend).« Es ist ebenso möglich, dass es über diesen Punkt immer wieder zu erneuten Konfrontationen der Schmerzkörper kommen wird. Dann gibt es keine prinzipielle Antwort. Ihr werdet euch der Auseinandersetzung »Wann und wo lieben wir uns?« immer wieder stellen müssen, bis der Schmerzkörper seine Macht, darüber zu entscheiden, endgültig verloren hat.

Macht euch keine Sorgen darüber, ob ihr die Entscheidung durchhalten werdet. Wichtig ist immer nur das nächste Mal. Wenn ihr immer öfter die Erfahrung macht, wie erfüllend die energetische Sexualität ist, könnt ihr euch im Moment der Verabredung daran erinnern. Ihr kommt nicht darum herum, jedes Mal diesem

Schmerz ins Auge zu sehen und ihn zu benennen. »Hallo Sex-Dämon, willst du mir wieder Angst machen?« Die Absicht eines Dämons (einer von Verstand produzierten scheinbar objektiven Realität, die als Auslöser für Schmerz benutzt wird) ist es, dich zu beschäftigen, das heißt, ihm ist es egal, ob du dich ihm ergibst oder ob du ihn bekämpfst. So oder so erfüllt er seinen Lebenszweck, den Schmerzkörper zu wecken und zu füttern, solange du an seine Existenz glaubst und ihn mit Emotionen ernährst. Deshalb ist es das Vernünftigste, einfach die Entscheidung zu treffen – und gut.

Eine hilfreiche Entscheidung ist, einen täglichen Fixpunkt festzulegen, je nachdem, wie euer Tagesablauf aussieht. Wenn ihr es so einrichten könnt, dass ihr morgens ohne Termindruck im Bett bleiben könnt, dann ist vielleicht der Morgen die beste Möglichkeit zur Liebe, wenn euch die Sorgen des Alltags noch nicht ergriffen haben. Die meisten Paare werden aber wahrscheinlich eher den Abend vorziehen, weil dann ein »open end« möglich ist.

Noch einmal zur Frage: Muss das denn sein, mit der festen Verabredung? Dann frage ich: Was ist die Alternative? Dass wieder einer von euch beiden »Lust hat«! Dann beginnt wieder die Spirale von Erregung und Unlust, Verlangen und Nachgeben, Begehren und Ablehnung. Tut euch den Gefallen. Ohne diese feste Vereinbarung ist das Projekt energetische Liebe erheblich schwerer umzusetzen. Liebt euch einfach. Eure Körper wissen, wie das geht. Sie brauchen eure emotionale Erregung im Vorfeld nicht, denn die vom Kopf produzierten Emotionen sind das größte Hindernis für die Liebe. Versteht den Unterschied zwischen der *Lust auf Sex* und der *Lust bei der Vereinigung*. Beides ist eigentlich immer da, hat aber eine grundsätzlich andere Qualität.

Wenn in einer Partnerschaft ausschließlich die *Lust auf Sex*, das »Spitzsein« der Grund dafür ist, sich sexuell zu vereinen, ergeben sich grundsätzlich zwei Probleme: Entweder, die Vorlust eines der Partner ist zu groß oder sie ist zu gering. Meist kommt beides in

Betracht, denn es dürfte ein sehr seltener Zufall sein, wenn der Lustpegel beider Partner immer oder meistens auf einem halbwegs einheitlichen Level ist. Dann kommt es schlimmstenfalls zu den Vorwürfen: »Du bist ja immer notgeil!« oder: »Du hast ja sowieso nie Lust!«

Aber die Lust auf Sex ist, genau betrachtet, kein einheitliches Geschehen. Wie sie entsteht und wie sie sich entwickelt, ist genauso vielfältig wie die Lust, die bei der sexuellen Vereinigung selbst erlebt wird. Sie kann eine völlig natürliche, leichte und freundliche, als wohltuend empfundene, körperliche und seelische Empfindung sein, die mich darauf hinweist, dass ich eine sexuelle Vereinigung erleben möchte. Und sie kann ebenso eine schmerzhaft drängende, kaum kontrollierbare, fast an Wut erinnernde Emotion sein, die unter allen Umständen die sexuelle Vereinigung erzwingen will.

In einer beginnenden Partnerschaft, wenn die Verliebtheit bei beiden einen überaus hohen Energiepegel bereithält, bringen beide oft von vornherein so viel Begehren in die Begegnungen ein, dass täglich mehrere Vereinigungen möglich und sehnlichst erwünscht sind. Beide erleben es dann so, als könne man gar nicht genug Sex bekommen, und glauben zum Beispiel: »Mit diesem Partner macht es mir endlich Spaß, täglich oder auch mehrmals täglich Sex zu haben. Endlich bin ich meine ständige Lustlosigkeit los, die ich mir selbst nicht erklären konnte.« Und der andere mag denken: »Endlich habe jemand gefunden, der genauso viel Lust auf Sex hat wie ich selbst. Ich war es so leid, immer mehr Lust zu haben und immer der zu sein, der darum bettelt, wieder Sex zu machen.« Es ist einem verliebten Pärchen kaum zu vermitteln, dass dies ein emotioneller Ausnahmezustand ist, der sich schon sehr bald wieder ungefähr auf »das normale Maß« reduzieren wird, das die beiden auch schon vor ihrer Begegnung bei sich kannten. Wie genau das aussehen wird, können sie nicht vorher wissen, denn mit jeder Beziehung verändern sich auch die emotionellen Verflechtungen, in denen die beiden sich begegnen, und damit auch die konkrete Erscheinung des Begehrens. Deshalb wird den beiden nichts anderes übrigbleiben, als diesen Zustand der »Normalität« konkret zu erleben.

Sich für die energetische Sexualität fest zu verabreden und sich einfach hinzulegen, sich gegenseitig zu fühlen und zu vereinigen, ohne darauf zu achten, ob und wie viel Begehren im Vorfeld da ist, wird euch zeigen, dass die Lust des Körpers und der Seele *beim Sex* vollkommen anders funktioniert als die Vor-Lust *auf Sex*.

Im gemeinsam geschaffenen System einer Partnerschaft kommt es immer wieder zu Machtproblemen. Hinter dem »Zuviel« und dem »Zuwenig« an Begehren stecken jedoch immer vielschichtige Prozesse aus der Geschichte der beiden beteiligten Partner. Es sind völlig unbewusst verankerte, zentrale Eigenschaften der Charakterstrukturen und nur sehr selten das, was ein verletzter Mensch vermutet: mutwilliges Ausnutzen der Tatsache, dass er/sie mich weniger begehrt als ich ihn/sie und mich damit auch manipulieren kann.

David Schnarch schreibt:

> Die Kontrolle über die gemeinsame Sexualität hat immer der Partner, dessen Begehren schwächer ist. [...]
>
> Wenn jemand *nicht begehren will*, lässt sich das nicht mit Gleichgültigkeit erklären, sondern es zeigt, wie *wichtig* ihm der Partner ist. Denn, dass er sich *gegen das Begehren sträubt*, lässt sich, so paradox es auch erscheinen mag, auf eine emotionale Verschmelzung zurückführen.
>
> Es ist eine Systemeigenschaft der Paarbeziehung, dass wir *mit der Zeit zwangsläufig immer verwundbarer werden, weil der Partner immer wichtiger für uns ist.* Dies kann Langeweile erzeugen und das Begehren mindern. Ursache dafür sind zwei Ängste:

- *Die Angst davor, dass der Partner uns nicht mehr akzeptiert.* Kein Mensch möchte gerne von einem Partner, den er schätzt und braucht, zurückgewiesen werden. Wenn die Billigung des Partners für Sie höhere Priorität hat als Ihre eigene Integrität, dann werden Sie Ihre eigenen erotischen Vorstellungen und Wünsche nur so weit offenlegen, wie Sie mit der Zustimmung Ihres Partners rechnen. [...]
- *Die Angst, den Partner ganz zu verlieren.* Je länger Ihre Beziehung bereits besteht und je besser sie läuft, desto mehr haben Sie zu verlieren, wenn Sie etwas wollen, das Ihnen sehr wichtig ist und das Ihr Partner nicht will – oder wenn er stirbt. Wenn die Bedeutung, die der Partner für Sie besitzt, Ihren Differenzierungsgrad (die Fähigkeit, Ihre Ängste selbst zu regulieren) übersteigt, ist er zu wichtig für Sie, als dass Sie ihn *begehren* könnten. Folglich *wollen Sie ihn nicht begehren.* [...]

  Wenn Sie das Begehren (und die Intimität) in Ihrer Paarbeziehung lebendig erhalten wollen, muss Ihr Differenzierungsprozeß Schritt damit halten, dass Ihr Partner immer wichtiger für Sie wird. Sobald der Partner für Sie wichtiger wird, als Ihre Beziehung zu sich selbst, haben Sie vier Möglichkeiten:

- sich emotional zurückzuziehen,
- sich an den Partner zu klammern,
- zuzulassen, dass der Partner sich an Sie klammert,
- in Ihrer Differenzierung vorwärtszugehen. [...]

Ein Mangel an Begehren ist unerfreulich, doch er hat einen *Zweck.* Er ist Teil der Paarbeziehung als eines Systems, das Ihre persönliche Entwicklung vorantreibt, und regt Sie an, Ihre eigenen Grenzen und die Ihrer Beziehung weiter hinauszuschieben. *(David Schnarch, Die Psychologie sexueller Leidenschaft, S. 169-185)*

Sich unabhängig vom aktuellen Grad des Begehrens zu vereinigen ist die »logischte«, wenn auch konfliktverdächtigste Variante. Ihr könnt damit euren Körpern und Seelen die Verfügungsgewalt darüber geben, die *Lust **beim** Sex* zu fühlen und die *Lust **auf** Sex* als irrelevant zu vernachlässigen. Doch damit wird sich wahrscheinlich der Verstand und seine Emotionen herausgefordert fühlen und emotionellen Schmerz produzieren. Das bedeutet: Sich für die vorbehaltlose Vereinigung ohne Vor-Lust zu entscheiden und dies auch selbstverständlich zu tun, bringt das emotionelle Machtgefüge, das ich eben mit dem Schnarch-Zitat angedeutet habe, durcheinander. Auch wenn es anfangs so aussehen mag, als könne man sich mit dieser Entscheidung an den Problemen vorbeimogeln, die immer mit unterschiedlich starkem Begehren einhergehen. Sie werden genauso in Erscheinung treten, als wenn man sich dafür entscheidet, sich immer nur dann zu vereinigen, wenn der Partner mit dem schwächeren Begehren es will. Beispielsweise könnte der Schmerzkörper Langeweile, das Gefühl von Überforderung oder auch erektive Impotenz, Scheidenentzündungen oder Pilzerkrankungen »produzieren«.

Der Unterschied liegt eben nur darin, dass bei der täglichen voraussetzungslosen Vereinigung eure Körper und eure Seelen immer wieder die Erfahrung der energetischen Sexualität machen, dass sie wissen, wie die Liebe sich anfühlt, und es wollen und lieben. Sie erleben die tiefe Verbindung immer wieder voller Freude, sobald die Probleme im Vorfeld der Vereinigung überwunden sind. Das werdet ihr immer wieder erleben: Sobald ein Schmerzkörper überwunden ist, ist die Vereinigung wieder das Natürlichste und Selbstverständlichste auf der Welt.

Sich täglich vereinigen zu wollen, ist genauso natürlich und selbstverständlich wie das Bedürfnis, täglich gut zu essen, gute Gespräche zu führen, sich zu bewegen und kreativ zu arbeiten. Bei all diesen Erfahrungen stellt niemand in Frage, ob es sinnvoll ist, das täglich zu erleben. Nur bei der Sexualität – der sinnlichsten, erfüllendsten Erfahrung, zu der Menschen fähig sind und für die uns die Natur extra ein spezielles Organ spendiert hat, das fast zu nichts weiter dient, als Lust zu leben (und sich ein paar Mal im Leben biologisch zu vermehren) – wird in Frage gestellt, ob und wie oft sich Menschen dies erlauben dürfen und sollten. Das ist doch absurd, und es ist das Resultat der Pandemie der Normal-Neurose. (Dazu mehr im Kapitel »Wenn die Welle bricht – Wilhelm Reich und die Funktion des Orgasmus – Eine Neubewertung«, das online auf www.orgon.de zur Verfügung steht.)

Daher folgt aus der ersten Bedingung auch gleich die zweite, die eigentlich nur eine Erweiterung darstellt und die erheblich lebendiger und lustfreundlicher ist:

Vereinigt euch, wenn einer von euch den Wunsch äußert

Es gibt eine bessere Variante als die zeitlich fixierte Verabredung: sich darauf zu einigen, immer dann zusammenzukommen, wenn einer der Partner es wünscht. Dies erfordert jedoch viel mehr erwachsenes Verständnis und stabile, selbständige Persönlichkeiten. David Schnarch würde hier von zwei Menschen ausgehen, die einen hohen Grad von Differenzierung entwickelt haben.

Die natürlichste Konsequenz daraus, nicht eure Vor-Lust darüber entscheiden zu lassen, wann und wie oft ihr euch vereinigt, ist es eben auch, den Wunsch von nur einem der Partner entscheiden zu lassen. Versucht es dann wenigstens jedes Mal, denn die Erfahrung der Freude bei der Vereinigung ist immer anders gelagert als die emotionell gefärbte Einschätzung, ob genügend Lust im Vorfeld da ist. Wenn sich die Freude nicht einstellt, wenn sich Langeweile, Überdruss oder Desinteresse zeigen, sind dies Schmerzkörper, die gesehen und erfahren werden wollen. Es bringt nichts, sich vor diesen Schmerzen schützen zu wollen, indem ihr versucht, eure

Sexualität auf eine festgelegte tägliche Routine zu begrenzen. Das ist viel eher ein Verhalten, hinter dem sich ebenso auch die Abgrenzung verstecken kann.

Natürlich müssen beide Partner auch mit dieser Entscheidung verantwortungsvoll umgehen. Das bedeutet: Der Partner, der die Vereinigung vorschlägt, sollte realistisch einschätzen können, ob dies zum Tagesablauf und in die autonomen Bedürfnisse des Partners passt. Es darf nicht zum Instrument des emotionellen Aneinander-Klebens werden, der emotionellen Verschmelzung, wie sie David Schnarch beschrieben hat. Genauso wenig sollte die Angst, den Partner nicht bedrängen zu wollen, verhindern, dieses Bedürfnis anzumelden, wenn die entsprechenden Bedingungen gegeben sind.

Und der Partner, an den das Bedürfnis nach Vereinigung herangetragen wird, muss für sich selbst einschätzen, ob er in der Situation ist, darauf einzugehen – und dies nicht an »meiner Lust« oder »ich mag jetzt noch nicht« festzumachen – sondern daran, ob er selbst gerade in der Situation ist, sich auf energetische Liebe einzulassen, oder ob er gerade eigene Interessen in den Vordergrund stellt, die aus seinem autonomen Lebensgefühl entstehen und die vielleicht gar nichts mit dem Partner zu tun haben.

Gerade wenn zwei Liebende sich immer wieder derart intensiv verbinden, ist es wichtig, auch *ein eigenes Leben* zu haben, eigene Interessen und Freundschaften, Tätigkeiten, die über die Paarbeziehung hinausreichen und nicht Teil von ihr sind. Wenn es in der Beziehung zu viele Gemeinsamkeiten gibt, wenn sich die Partner zu sehr voneinander abhängig machen und eine *emotionelle Verschmelzung* eingehen, wird dies über kurz oder lang auch die energetische Liebe stark beeinträchtigen und die Beziehung an ihr Ende bringen, weil sich beide Partner gegenseitig blockieren und die individuelle Entwicklung des anderen einschränken. Die Partnerschaft ist ein gemeinsam erschaffenes System, fast so autonom wie ein drittes Lebewesen. Doch diese drei Systeme sollen keinesfalls deckungsgleich werden. In diesem Zusammenhang ist es sicher sinnvoll, zu lesen und sorgfältig zu studieren, was David Schnarch im Buch »Psychologie sexueller Leidenschaft« über Differenzierung, Intimität und emotionelle Verschmelzung geschrieben hat. Hier seine kurze Definition für den Begriff »Differenzierung«:

> Differenzierung bedeutet, kurz gesagt, dem geliebten Menschen gegenüber an uns selbst festzuhalten und auf diese Weise unsere unverwechselbaren Konturen herauszuarbeiten. Unsere harten Ecken und Kanten glätten sich an den ganz normalen Reibungsflächen einer dauerhaften, engen Beziehung. Differenzierungsfähigkeit ist die Voraussetzung dafür, dass wir uns nach einem Streit rasch wieder fangen, anstatt unseren Groll in uns hineinzufressen, dass wir tiefe Intimität zulassen und aushalten und im Trubel des Alltags nicht aus den Augen verlieren, was uns wichtig ist. Sie versetzt uns in die Lage, das Potential unserer Sexualität weiter auszuschöpfen oder Begehren und Leidenschaft, falls sie erkaltet sind, wieder neu anzufachen. Sie ebnet den Weg zum schärfsten und liebevollsten Sex, den Sie je miteinander erlebt haben. Differenzierung bringt alle wesentlichen Eigenschaften einer gelingenden Paarbeziehung wie Zärtlichkeit, Großzügigkeit und Mitgefühl zur Entfaltung. *(David Schnarch, Die Psychologie sexueller Leidenschaft, S. 62)*

Eine andere Frage ist es, ob ein Paar in die energetische Sexualität hineingehen mag, obwohl überhaupt keine erotische Spannung im Vorfeld zu spüren ist. Das müsst ihr selbst fühlen. Probiert es wenigstens aus, das heißt macht euch nicht davon abhängig, dass die Vor-Lust einen bestimmten Spannungspegel erreicht hat. Ihr könnt erst dann beurteilen, ob es vielleicht gerade dann gut ist, sich zu vereinen oder nicht, wenn ihr es versucht habt. Es ohne diesen Versuch einfach sein zu lassen, bedeutet, wieder der »Lust im Kopf« die Entscheidung über die energetische Liebe zu überlassen.

Vereinigt euch nicht, wenn ein Schmerzkörper aktiv ist

Die Arbeit mit dem emotionellen Schmerz ist ein zentraler Aspekt der energetischen Liebe. Wenn ein Schmerzkörper aktiv ist, wird er gesehen und »belassen«. Wenn er nicht mehr aktiv ist, ist die energetische Sexualität einfach, natürlich und selbstverständlich. Das klingt einfach, ist aber in der konkreten Situation immer wieder schwierig. Ich habe daher über die Schmerzkörperarbeit ein eigenes Kapitel geschrieben, mit dem ihr euch eingehend vertraut machen und das ihr immer wieder lesen solltet, um damit arbeiten zu können.

Es mag verlockend sein, die energetische Sexualität, die tiefe körperlich-seelische Verbundenheit auch dazu zu nutzen, in ihr auch den Schmerz aufzulösen. Das mag auch einige Male funktionieren, führt aber sehr wahrscheinlich dazu, dass der Schmerzkörper sich darauf einstellt und versucht, sich der energetischen Sexualität zu bemächtigen und auch sie für die Auslösung von Schmerz zu nutzen.

Schmerzkörper sind der Aspekt des Ichs, der *Schmerz will* (unbewusst, denn dieser Prozess *kann* nur unbewusst ablaufen), der ihn sucht, indem er den Partner provoziert, mir (das Ich, das sich mit dem Schmerz identifiziert) möglichst viel emotionellen Schmerz zuzufügen. Daher ist der Schmerzkörper überhaupt nicht an liebevoller Begegnung interessiert und besonders nicht an sexueller Zuwendung der Art, wie sie in der energetischen Liebe gelebt wird. Er kann nur kontaktlos »Sex machen«. Sein Interesse ist es, die energetische Sexualität zu blockieren, zu verhindern, unmöglich zu machen. Wenn ihm das nicht gelingt, wird er versuchen, die gesamte Beziehung zu beenden, *weil er sich nicht geliebt fühlt*. Der Schmerzkörper erfährt Zuwendung, seine Interpretation von »Liebe«, indem er genau den Schmerz bekommt, der ihn einst erschaffen hat. Deshalb wird die energetische Sexualität zu seinem größten Feind und deshalb wird er sich auch gegen die energetische Sexualität mit allen Tricks, die ihm zur Verfügung stehen, in Stellung bringen. Letztlich – und das habe ich wiederholt sehr drastisch erleben müssen – wird der Schmerzkörper, der sich nicht mit der energetischen Liebe abfinden will, versuchen, die Beziehung zu beenden, weil er sich »ungeliebt fühlt«.

Stellt keine Vorerregung her

...und erkennt die Lust, die bereits da ist. Weder du noch dein Partner sollten irgendwie im Vorfeld sexuell stimuliert werden, das heißt, es sind weder erotische Dessous noch aufgeilendes Gerede noch verführerische Blicke sinnvoll. Insofern sind auch sexuelle Rollenspiele und andere Sexualpraktiken unnötig, die darauf abzielen, sich und den Partner vor der eigentlichen genitalen Vereinigung »in Stimmung zu bringen«, also eine Vorerregung herzustellen. Diese Verhaltensmuster stammen aus dem Repertoire des »Sex-Machens«, aus erotischen Vorstellungen geborene Stimulantia, die mit vom Verstand gesteuertem Verhalten das erwünschte Begehren, Vor-Lust und Geilheit zu schaffen versuchen. Da Herstellung von Vor-Lust nicht gefragt ist, sind diese Dinge bei der energetischen Sexualität ziemlich sinnlos.

Ich denke, hier wird auch klar, dass diese Erotisierungen vorwiegend in einem Bereich funktionieren, in dem die Menschen keinen wirklichen Kontakt aufbauen, sondern sich gegenseitig für die sexuelle Stimulanz als Sex-Objekt benutzen. Das soll keine moralische Bewertung sein. Diejenigen, die sich dieser Mittel bedienen, mögen sich dabei wohlfühlen. Aber ein seelischer Kontakt, über den auch sensible Energieflüsse und eine Erfahrung der Einheit möglich werden, ist wohl kaum in diesem objektbezogenen Sex zu erwarten. Menschen, die dies nutzen, wollen generell »geil werden und abspritzen«. Das ist die Form von Sexualität, die ich »Sex-Machen« nenne.

Hier möchte ich noch auf einen wichtigen grundsätzlichen Widerspruch eingehen: Die Lust auf Sex soll nicht verhindert werden, ganz im Gegenteil. Wenn sie da ist – und sie wird immer wieder in der einen oder anderen Weise vorhanden sein – ist das gut und angenehm zu erleben. Aber die Lust auf Sex soll nicht hergestellt, manipuliert und bei mir und meinem Partner provoziert werden. Diesen qualitativen Unterschied im eigenen Erleben und Verhalten zu sehen, sich mit ihm auseinanderzusetzen, erfordert erwachsene, selbstkritische Menschen, die zu ihren Lustgefühlen Kontakt haben und die eigene Lust und die des Partners vorbehaltlos bejahen können.

Gerade an dieser Stelle ist in der energetischen Liebe das Gespräch wichtig. Sich mit der eigenen Lust dem Partner zeigen zu können und die Lust des Partners genauso zu begrüßen wie die eigene, ist entscheidend und erfordert bei beiden Partnern den Mut, zu den eigenen Gefühlen zu stehen, sich deutlich zu äußern und die Gefühle des Partners zu achten und ihm wirklich zuzuhören.

Legt euch einfach zusammen hin und erfreut euch gegenseitig

Streichelt euch, küsst euch, seht euch an, seht euch in die Augen und fühlt euch mit den Augen. Streichelt auch gegenseitig, auch eure Genitalien und zeigt ihnen eure zärtliche Anwesenheit, jedoch ohne die Absicht, euch sexuell zu stimulieren. Lasst euch viel Zeit. Fühlt eure Energie. Lasst euch zuerst seelisch berühren.

Ihr habt wahrscheinlich einige »Techniken« drauf, mit denen ihr bisher eure Partner im Vorspiel erregt habt. Seht euch genau an, was ihr da tut. Redet miteinander darüber. Fühlt, ob die Art, wie ihr euch gegenseitig berührt, darauf abzielt, den Partner sexuell zu stimulieren, oder ob es die Freude an der zweckfreien erotischen Begegnung ist. Seid nicht zu ängstlich, etwas falsch zu machen. Wenn ihr nach dem Vorspiel immer noch in der Lage seid, euch in der stillen Vereinigung zu lieben, ist alles, was ihr getan habt, noch im grünen Bereich gewesen, auch die gegenseitige sexuelle Stimulation. Wichtig ist es nur, wach und aufmerksam zu bleiben und in Kontakt zu sein.

Vereinigt euch sehr, sehr langsam, sobald ihr bereit seid

Meist ist es so weit, wenn die Erektion des Mannes da ist sowie die deutliche Lubrikation (vaginale Feuchte) bei der Frau. Das Bedürfnis, sich zu vereinen ist eindeutig und sollte auch ausgesprochen werden. Wenn der Partner noch nicht so weit ist, wird er sich irgendwann äußern, wenn er es ist. Habt viel Geduld miteinander. Vermeidet jedes Drängen, lasst das Bedürfnis zu und lasst euch selbst und dem Partner die Zeit, die ihr braucht.

Es geht zuerst nur darum, Penis und Vagina zusammenkommen zu lassen, ohne *Sex zu machen*, ohne Erregung herzustellen. Der Penis gleitet sanft und möglichst langsam, tastend, fühlend in die Vagina und bleibt dort ruhig. Die Aufmerksamkeit ist vollständig in den Genitalien. Er ist Penis, sie ist Vagina. Registriert einfach, was geschieht – auch wenn nichts geschieht. Bleibt ruhig liegen, seht euch an, streichelt euch gegenseitig zart, redet miteinander, seht euch in die Augen, bleibt in eurer Gemeinsamkeit, macht nicht die Augen zu, verlasst den Partner nicht, geht nicht in die innere Phantasiewelt und lasst keine gedanklichen Spekulationen zu, folgt nicht den inneren Bildern, die auftauchen, sondern geht immer wieder mit der Aufmerksamkeit in die Genitalien, seid das Leben, die lebendige Energie in der Vagina und im Penis.

Es kann durchaus sein, dass ihr beide oder einer von euch zunächst gar nichts spürt, dass Penis oder Vagina wie tot sind, ohne eigenes Gefühl. Es kommt daher, dass ihr so lange Sexualität nur durch Reibung und das Hochtreiben von Erregung kanntet, dass die subtilen Empfindungen des inneren Körpers nicht mehr (beziehungsweise noch nicht) wahrgenommen werden. Der Impuls, jetzt wieder durch Bewegung eine erregende Empfindung herzustellen, ist möglicherweise zu Anfang enorm stark. Hier hilft nur ein starker Entschluss, sich gegenseitig dabei helfen, den einmal gefassten Plan auch durchzuhalten.

Irgendwann werdet ihr fühlen, wie Penis und Vagina anfangen zu pulsieren, wie sie miteinander zu kommunizieren beginnen, selbständig, ohne bewusstes Zutun. Ihr versteht, was sie wollen, sie führen leichte Bewegungen aus, sie zucken, pumpen, beginnen, ein Bewusstsein zu entwickeln, das sich dann irgendwann auch in Bewegungen eurer Körper ausdrückt, die ihr nicht mehr macht, sondern einfach zulasst. Um den Unterschied zwischen diesen sich selbst regulierenden Bewegungen festzustellen und denen, die ihr euch in Jahren des Sex-Machens angewöhnt habt, um die Erregung zu steigern, dazu benötigt ihr viel Ehrlichkeit euch selbst und dem Partner gegenüber.

Falls ihr euch unsicher seid, tut lieber gar nichts und wartet. Es gibt ein zunehmendes energetisches Fließen zwischen Penis und Vagina, das sich wie elektrischer Strom anfühlt, ein Strom von Glück und Intimität. Legt euch dabei so bequem hin, dass möglichst wenige Teile des Körpers in Spannung gehalten werden müssen.

Sieh deinem Partner oft in die Augen, gehe so selten wie möglich mit geschlossenen Augen in die eigene innere Welt, denn dort bist du meist allein mit den Emotionen der Vergangenheit und den Bildern aus sexuellen Phantasien. Redet miteinander, sagt euch, wie schön es ist, wie gern ihr vereint seid, wie frei und leicht es ist, sich endlich ohne Druck gegenseitig genital zu fühlen.

Kein Drang zum Orgasmus

Vermeidet jedes »Sex-Machen«, also jede Herstellung von Erregung durch mechanische, gewollte Bewegungen. Fühlt euch gegenseitig in jeder Bewegung und versteht, lernt den Unterschied zwischen den Bewegungen, die aus der Freude am Kontakt kommen, und denen, die gemacht werden, um eine Erregung zu stimulieren. Seid echt und ehrlich zu euch selbst und zum Partner, ganz besonders in diesem zentralen Aspekt der energetischen Sexualität.

Das ist der erste Kernpunkt der energetischen Liebe. Ihr überlasst euren Körpern, dem Penis und der Vagina, die Entscheidung darüber, wie sie miteinander kommunizieren. Sie sollen entscheiden, wie und ob sie miteinander zum Höhepunkt kommen wollen oder auch nicht und wann dies sein soll – sofort, beim ersten Mal oder erst in drei Jahren. Du lässt die emotionell produzierte Lust endlich los, weil du endlich verstehst, welches Unheil du heraufbeschworen hast – auch wenn du anfangs vielleicht noch nichts hast, was den Sex ersetzen könnte, der dir bisher so viel bedeutet hat.

Sie wird damit wahrscheinlich erheblich weniger Probleme haben als er. Vielleicht wird sein Schmerzkörper sich heftig melden und sagen: »Endlich hat sie ihren Kuschelsex durchgesetzt. Liebe ohne Sex – der Traum aller Frauen, die den Mann zähmen wollen. Warum nicht erst richtig Sex machen und dann auch noch kuscheln? Teilen wir uns doch die Lust, und jeder bekommt, was er oder sie will.«

Und sie wird seine Frustration vielleicht gar nicht nachvollziehen können, wenn sie sagt: »Sei doch froh, dass du dich endlich auch der Liebe hingeben kannst ohne den Druck, zu einem Orgasmus zu kommen.« Sie sollte sich bewusstmachen, dass er auf den Kern vieler Tausend Jahre Männlichkeit verzichtet. Es ging ihm bisher nicht um Liebe, sondern um Sex-Machen – und das wird jetzt offenbar. (Auch wenn er immer beteuert hat, dass er die große Ausnahme ist…) Natürlich kann dies auch umgekehrt geschehen, obwohl die geschlechtliche Rollenverteilung, die sich über das Patriarchat entwickelt hat, das Sex-Machen vorwiegend als männliche Form der Sexualität unterstützt hat.

Eventuell wird einer von euch immer wieder um Ausnahmen betteln. Da der andere dann weit weniger von Erregung abhängig ist, kann er die Rolle übernehmen, diese Ausnahmen zu verweigern, also keine gewollten Ausrutscher ins Sex-Machen zulassen. Wenn er merkt, dass der Partner in die Herstellung von Erregung hineingeht, bricht er konsequent aber liebevoll ab. Wartet, bis ihr euch wieder stabilisiert habt, bevor ihr weitermacht, vielleicht nach einer Kaffeepause, in der ihr darüber sprecht, was geschehen ist.

Verlagert das »Sex-Machen« auf Selbstbefriedigung

Das Bedürfnis nach »Sex-Machen« ist nicht sofort einfach verschwunden und wird euch weiterhin beschäftigen. Geht damit sensibel um und schafft kein neues Problem, keine neue Sexualmoral, die euch dann irgendwann doch wieder als Sexphantasien einholt und die sich dann zum Beispiel in heimlichem Pornokonsum oder als »Fremdgehen« ihren Raum schaffen können. Heimlichkeiten jeder Art würden die energetische Liebe in ihren Grundlagen entstellen und unmöglich machen. Ihr könnt euch dann nicht mehr öffnen und würdet eure Seelen verschließen.

Vielleicht wäre es tatsächlich besser, wenn ihr euch nicht mehr manuell oder oral zum Orgasmus bringt. Wer jedoch meint, dass er es immer noch braucht, sollte das Thema direkt ansprechen. Auch in diesem Aspekt solltet ihr gesunden Menschenverstand beweisen. Wenn du ohne Orgasmus immer wieder so sehr unter Druck stehst, dass du leidest, hat es wenig Sinn, auch auf den Orgasmus durch Selbstbefriedigung zu verzichten. In vielen Beziehungen ist es ein sehr freudvolles erotisches Spiel, wenn ein Partner den anderen manuell oder oral befriedigt oder ihm dabei zusieht und durch zärtliche und erregende Berührungen unterstützt.

Es geht nicht um das »Prinzip der Vermeidung des Orgasmus« wie bei Karezza, sondern darum zu verstehen, ob es euch dabei hilft oder behindert, dann auch wieder in den tiefen energetischen Kontakt hineinzugehen. Da ist jeder Mensch anders, jedes Paar fühlt und reagiert in dieser Beziehung anders, und ihr solltet nicht davor zurückschrecken, sehr deutlich darüber zu reden. Intimität ist, wie gesagt, die Fähigkeit, sich dem Partner als echt zu zeigen, auch wenn dieser vielleicht erst einmal verstört reagiert.

Die energetische Sexualität ist jedoch kein Grund, prinzipiell auf orgastische Selbstbefriedigung zu verzichten, auch wenn diese Art des Orgasmus eine typische Form des »Sex-Machens« ist. Eigentlich ist »Sex-Machen« nichts anderes als erweiterte Selbstbefriedigung mit einem Partner, der hier in erster Linie als Lustobjekt dient, gerade auch in der genitalen Vereinigung.

Die Erkenntnis aus der energetischen Liebe besteht ja besonders darin, dass körperlich, seelisch und spirituell der Unterschied zwischen »Sex-Machen« und energetischer Verschmelzung sinnlich bewusst wird. Indem ihr beides erlebt und, solange es nötig ist, auch dabei bleibt, es immer wieder zu erleben, geht ihr in einen Lernprozess hinein. Ihr werdet den Unterschied sinnlich erleben und deshalb ist eine enge Beschränkung: »Das muss sein, das andere darf nicht mehr sein«, zwar verständlich, aber eben auch nur Ausdruck der Angst, man könnte »etwas falsch machen«.

Indem ihr euch selbst den Freiraum gebt, das »Sex-Machen« zum Beispiel auf die einseitige oder gemeinsame oder auch gegenseitige Selbstbefriedigung zu verlagern, gebt ihr diesem Aspekt der Sexualität ihren Raum und könnt in der Spannung leben, beides zu erfahren, ohne euch von vornherein auf Prinzipien festzulegen, die in sich immer die Gefahr beinhalten, zu einer neuen, restriktiven Sexualmoral zu werden.

Es kann geschehen, dass ihr »ficken« wollt – Lasst es zu

Es wird immer wieder geschehen, dass ihr hefigen Sex erlebt. Wenn dies innerhalb des innigen Kontakts geschieht, ohne ins »Sex-Machen« zu verfallen, ist dieser lustvolle Sex sehr erwünscht und soll auch gar nicht vermieden werden. Ob dieser Sex angemessen ist oder kontaktlos wird, könnt ihr daran ersehen, ob es euch möglich ist, zwischen den heftigen Phasen immer wieder problemlos in die stille, bewegungslose, nur fühlende Vereinigung zu gehen.

Die energetische Sexualität wird in jeder Partnerschaft anders aussehen. Jede Beziehung hat ihren eigenen Charakter, es entwickelt sich immer eine völlig eigene »erotische Spur«. Und so habt ihr immer wieder auch die Situation, dass gerade aus dem tiefen, erkennenden Kontakt heraus der tiefe Wunsch nach und die eindeutige Hinwendung zu kraftvollem Sex entsteht, wie von selbst. Der *Wunsch zu ficken* wird immer wieder machtvoll entstehen. Und oft werdet ihr diesem Impuls auch nachgehen.

Lass mich erst einmal etwas über diesen Begriff »Ficken« sagen, der alleine schon Kontroversen auslösen dürfte. »Ficken« ist das einzige Wort für sexuelle Aktivität, das sich direkt auf Sexualität bezieht. »Bumsen«, »vögeln«, »miteinander schlafen«, »ins Bett gehen«, »kuscheln«, »Liebe machen«, »pudern« und viele andere sind Metaphern, die aus anderen Zusammenhängen entlehnt wurden. Am Begriff »Ficken« scheiden sich die Geister. Manche können ihn einfach nicht ertragen, halten ihn für zu drastisch, zu roh und frauenverachtend, und in bestimmten Zusammenhängen ist er das wohl auch. Aber wenn du ihn für unangemessen oder gar für unmoralisch hältst, dann schau dir an, was ich übers Ficken zu sagen habe und ob du ihn danach immer noch ablehnst. Ich sage dir: Das Unmoralische herrscht vielleicht in deinem Kopf, nicht in meinem.

Ich behaupte: So wie sich energetische Sexualität vom »Sex-Machen« unterscheidet, so weit ist auch das Ficken vom »Sex-Machen« entfernt. Beides, die energetische Sexualität und das Ficken sind nur möglich, wenn sich zwei Liebende wirklich begegnen, wenn alle Grenzen fallengelassen werden und wirkliche Hingabe, echte Vereinigung geschieht.

Was ich vor allem durch die vielen Vereinigungen in energetischer Sexualität verstanden habe: Ich hatte in der normalen Sexualität des »Sex-Machens« die tiefe seelische Begegnung vermisst. Sich ansehen und wirklich die Partnerin erkennen und sich erkennen lassen. Sich in ihr zu fühlen und zu erleben, wie sie sich in mir fühlt. Meine Partnerin annehmen und vollständig zulassen, was jetzt ist. Nicht auf ein Ergebnis in der Zukunft zu schielen (den Orgasmus), sondern jetzt und hier ganz da zu sein, ohne innere Bilder, ohne meine Partnerin innerlich auszublenden, um die Erregung zu steigern, Herzenskontakt, Seelenkontakt, Körperkontakt, mich ganz und gar dreidimensional im inneren Körper zu fühlen, ganz in mir zu sein, bei mir zu bleiben und mich gleichzeitig über Penis, Augen, Haut, Mund und über das Strömen von Energie auch ganz bei ihr zu fühlen, der Kontakt mit ihr, der immer tiefer wird, je länger und öfter wir beisammen sind. All das wird in der Bibel »sich erkennen« genannt.

Heute weiß ich, dass ich all das nicht lernen musste. Ich habe es immer schon gekonnt und wusste nur nicht, dass es das ist, was mich in der Sexualität berührt, was mich glücklich macht und Erfüllung bringt. Ich hatte immer gefühlt, dass da mehr sein muss, und deshalb war auch Wilhelm Reich für mich so faszinierend gewesen, weil er allein sich mit der Funktion energetischer und emotioneller Gesundheit in der Sexualität beschäftigte. Aber bei Reich nahm »die Funktion des Orgasmus« eine derart überragende Stellung ein, dass ich – wie viele andere – glaubte, es ginge in erster Linie darum, in jeder sexuellen Umarmung einen möglichst vollständigen Orgasmus zu erleben. Und folglich versuchte ich, ihn immer wieder zu erreichen und geriet über Jahrzehnte hinweg regelmäßig in die Falle des »Sex-Machens«.

Was Reich entdeckt hatte, war zweifellos ein Meilenstein, aber er blieb in der medizinischen und psychiatrischen Sichtweise stecken. Und das ist in der tatsächlich erlebten sexuellen Situation eine Sackgasse, die nirgendwo hinführt. Ich bin kein »therapeutischer Fall«, sondern ein Mensch, der mit einem anderen Menschen in Kontakt kommt, wobei der Orgasmus als Erfahrung nur eine von vielen Ebenen ist, auf der Kontakt stattfindet. Und auch bei Reich hat der Begriff »ficken« den fatalen Beigeschmack, den rein mechanischen Sex zu bezeichnen, was ich eher »bumsen« oder »rammeln« nennen würde.

Als ich die energetische Liebe entdeckte, habe ich deutlich gefühlt, mit meiner sexuellen Erfahrung endlich dort angekommen zu sein, wo ich immer sein wollte: den tiefsten Kontakt zu erleben, zu dem ich fähig bin, und die Grenzen meiner Kontaktfähigkeit immer weiter auszudehnen. Und hier, in der Ausdehnung meiner Kontaktmöglichkeiten, erlebte ich den tiefen Wunsch, zu ficken und mich in der kraftvollen, sinnlichen Begegnung mit meiner Partnerin zu erleben. Das hat mich anfangs sehr beunruhigt, schien es doch der energetischen Sexualität so voll und ganz zu widersprechen. Glücklicherweise war der Drang zu ficken immer wieder so übermächtig, dass wir uns darauf eingelassen haben. Dieser Sex hatte zwar wie das »Sex-Machen« bisweilen auch mit kraftvollen, aggressiven Bewegungen zu tun, aber er entstand aus dem beiderseitigen eindeutigen Bedürfnis, auf noch andere Weise immer tiefer miteinander körperlich und seelisch zu verschmelzen.

Was das Ficken angeht, habe ich angemessene Beschreibungen dessen, was wir dabei erlebten, bei David Schnarch gefunden:

> Charakteristisch für das Ficken ist eine spezifische Grundstimmung und Erlebensqualität. Wer es einmal erlebt hat, weiß genau, wann und mit wem er es wieder erlebt. Für diejenigen, die Gefallen daran finden, ist es oft wichtiger als der Orgasmus. »Ficken« ist Ausdruck eines lustvollen, genussvollen Verlangens, eine mutwillige Hingabe an die Sinneslust. Es ist das Gegenteil von Grobheit, nämlich eine durch erotische Virtuosität vervollkommnete Sexualität. Die Partner wollen bewusst die Leidenschaft des anderen entflammen (und befriedigen). Ficken führt zu innigen und erregenden sexuellen Begegnungen.
>
> Dazu gehört das *Nehmen* des Partners und das *Genommenwerden* oder *Sich-nehmen-Lassen* durch den Partner – für viele Menschen erstrebenswert, für andere beängstigend. Der Austausch von Energie kommt durch gut koordinierte Erregungsmuster und ein klares Rollenverhalten zustande. *(David Schnarch, Die Psychologie sexueller Leidenschaft, S. 314)*

Für mich ist inzwischen klar, dass sich mir das Ficken tatsächlich erst durch die energetische Liebe vollständig eröffnet hat. Sie erschafft erst die Ebene, sich ganz öffnen, sich ganz zeigen zu können, sich gegenseitig sexuelle Wünsche und Vorlieben zu offenbaren und jede Scham, jede falsche Rücksichtnahme beiseitezustellen, um sich ganz und gar zeigen zu können und dies genauso beim Partner zu wünschen und zu ertragen, selbst wenn das, was da ans Licht kommt, erst einmal die eigenen Grenzen und die des

Partners überschreitet. Das nennt David Schnarch »Intimität«: sich selbstbestimmt dem Partner zeigen, unabhängig davon, ob es Gefallen oder Missfallen auslöst. Natürlich gibt es auch beim Ficken Grenzen, die nicht gegen die Bedürfnisse des Partners überschritten werden sollten, aber die müssen erst einmal gefunden und benannt werden. Das heißt: sich nicht in seinen sexuellen Wünschen nach sinnlichen Freuden bereits im Vorfeld zu beschränken, aus Scham, aus Angst, etwas falsch zu machen und weil man sich von einer Seite zeigt, die man von seinem Partner verstecken möchte, weil es das Machtgefüge der Beziehung durcheinanderbringen könnte. David Schnarch schreibt dazu: *Man fickt nicht sein Unterstützungssystem.*

Er hat sich von den Teilnehmern seiner Seminare, die wissen, was Ficken ist, beschreiben lassen, was sie darunter verstehen:

> Konkreter gefasst, wird Ficken in der Regel definiert als
> A) ein Energiefluss in beide Richtungen,
> B) genussvolles Erleben beider Partner,
> C) eine starke energetische Verbindung,
> D) ein mühelos fließender Austausch,
> E) aggressiv fordernder Sex,
> F) keine Geheimnisse voreinander haben, Selbst-Preisgabe, kein Rückhalt,
> G) sich gegenseitig wahrhaftig sehen und akzeptieren,
> H) eine Verbindung von Geist, Körper und Seele,
> I) an die Grenzen gehen,
> J) sich verlieren (leidenschaftliche, ungehemmte Hingabe),
> K) sich selbst finden,
> L) eine erstaunliche Erfahrung,
> M) zeitlos,
> N) transzendent.
> *(Schnarch, »Die Psychologie sexueller Leidenschaft«, S. 319)*

Nach diesen Beschreibungen dürfte eigentlich klar sein, dass und warum das Wort »ficken« – und auch die Erfahrung selbst – bei vielen Menschen angstbesetzt ist und mit negativen Assoziationen verbunden wird. Aus meinen eigenen Erfahrungen in vergangenen Partnerschaften und aus vielen Gesprächen mit Menschen, die »Sexuelle Liebe im Jetzt« gelesen haben, habe ich verstanden, dass energetische Sexualität, aber ebenso Neo-Tantra und Karezza von vielen Menschen aus dem Motiv heraus als sexueller Stil gewählt wird, genau diese Intensität und Intimität zu vermeiden. Menschen, die Angst haben vor der eigenen Geilheit, die tiefe Erregung und heftiges sexuelles Erleben vermeiden möchten, versuchen auf diese Weise, eine Sexualität zu leben, in der sie sich nicht mit ihrer Lustangst konfrontieren müssen. Ich sehe, dass das nicht funktioniert. Dahinter steht der Wunsch, sich an den Beschränkungen der eigenen neurotischen Charakterstruktur vorbeizumogeln.

Gerade wenn ich ein Buch lese wie etwa *Das Gift an Amors Pfeil* von Mania Robinson, die sich sehr ausführlich mit Karezza und darin besonders ausführlich mit den angeblichen Gefahren und negativen Auswirkungen des Orgasmus befasst, verstehe ich, dass Menschen mit ausgeprägter Lustangst sich dennoch ein System erschaffen wollen, innerhalb dessen sie relativ erfüllende Sexualität leben können. Verstehe mich nicht falsch: Ich habe überhaupt nichts dagegen, dass Menschen sich einen sexuellen Stil suchen, mit dem sie innerhalb ihrer charakterlichen Möglichkeiten glücklich werden können. Natürlich ist das sinnvoll, vernünftig und in jeder Weise wünschenswert. Jeder Mensch sollte innerhalb seiner Möglichkeiten sexuelles Glück erleben dürfen. Ich denke, dass dieses Motiv auch tatsächlich für die meisten Menschen gilt, die sich für Neo-Tantra, Tao-Sex oder Karezza entscheiden. Was ich allerdings für bedenklich und auch für gefährlich halte, ist, dass dies einerseits unbewusst geschieht und andererseits damit wieder neue moralische Imperative geschaffen werden. Mit einer

Flut von einerseits wissenschaftlichen und andererseits esoterischen Argumenten wird eine neue lustverneinende Sexualmoral erschaffen, die zwar Sexualität bejaht und fördert, aber nur, wenn sie sich innerhalb bestimmter Grenzen bewegt. (Auch die christliche Kirche hat dies getan, indem sie die Sexualität auf Ehe und Kinderzeugung beschränken wollte.) Und diese neuen Grenzen werden nun von den neuen Priestern gezogen, von Tantralehrern, von Therapeuten, von Sexualberatern.

Was in diesem Bild stört, sind Menschen wie ich und andere, die charakterlich gesund genug sind, um zur tiefen, sexuellen, orgastischen Hingabe fähig und bereit zu sein, die sich nicht innerhalb der Grenzen eines Systems bewegen möchten, dessen Dimensionen von anderen, charakterlich eingeschränkten Menschen bestimmt werden. Aus meiner Sicht werden alle sexuellen Ideen und Ideologien von den unbewussten neurotischen Ängsten ihrer Protagonisten bestimmt. Was daraus folgt, sind neue Moralvorstellungen, die direkt dort ansetzen, wo die christliche Kirche und asiatische patriarchalische Religionssysteme die Menschen alleingelassen haben. Die traditionellen moralischen Systeme, ob nun christlich, islamisch oder hinduistisch, haben ihre Monopolstellung eingebüßt, sind inzwischen zu dem geworden, was sie hoffentlich bleiben werden: einzelne Angebote wie alle anderen im Warenspektrum des spirituellen Supermarktes. Aber sie hatten ehemals auch die Funktion, moralische Instanzen zu sein, Landmarken, an denen Menschen sich orientieren konnten: Was ist erlaubt und was nicht?

Je charakterlich verbogener Menschen sind, je weniger erwachsen und selbstbestimmt, desto mehr verlangen sie nach Führung, nach Systemen, nach Anleitung. Und sie folgen denen, die am lautesten schreien, die das klangvollste, verlockendste Angebot haben. Gekauft wird immer die noch verschlossene Packung: Das Seminar, das tantrische Jahrestraining wird gebucht und bezahlt, und erst dann darf man die Packung öffnen. – Ich habe nichts dagegen, dass Menschen diese neuen Wege gehen. Ich freue mich darüber. In dieser Hinsicht hat es eine gesellschaftliche Dynamik gegeben, die ich mir vor zwanzig, dreißig Jahren nicht vorstellen konnte. Aber die neuen Moralvorstellungen machen mich tief betroffen, weil ich sehe, dass sich die neurotischen Strukturen wieder neu formieren. Noch sind Neo-Tantra & Co. kleine, eher unbedeutende gesellschaftliche Randerscheinungen. Das kann sich schnell ändern, und es könnten innerhalb weniger Jahre neue moralische Machtsysteme entstehen.

Ich liebe es, stundenlang im Schoß meiner Partnerin zu ruhen und unseren Energieströmungen zu folgen, ich liebe es, dabei einzuschlafen und in Vereinigung wieder zu erwachen, ich liebe es, ungehemmt zu ficken und gefickt zu werden, ich liebe es, mich passiv nehmen zu lassen, ich liebe es, sie mit Öl glitschig zu massieren oder am ganzen Körper abzulecken, ihre passive Hingabe zu erleben. Ich liebe das ganze Spektrum der Sexualität. Ich möchte nie wieder, dass es jemanden oder etwas gibt – ein Moralsystem, einen Guru, eine übergeordnete Instanz – die mir sagt, was ich tun und erleben darf und was nicht. Und vor allem möchte ich nicht, dass ich in mir diese Instanz als ein neues Über-Ich wieder neu erschaffe.

Mein Leben lang habe ich damit zugebracht, diese moralischen Instanzen in mir und in meiner sozialen Umwelt aufzudecken, zu demaskieren und gnadenlos abzuschaffen. Oft waren das harte Kämpfe, mit meinen Eltern, mit Lehrern, mit Freundinnen und ihren Eltern, mit den linken Genossen der APO-Ära, mit Otto Muehl und seinen Kommunarden, mit buddhistischen Lamas und anderen spirituellen Autoritäten. Es ging nicht immer nur um Sexualität, sondern auch um meine Selbstbehauptung und die Wertschätzung meines eigenen Urteils. Es ging, genau betrachtet, um meine Männlichkeit.

In Workshops und Einzeltherapien nenne ich diesen Vorgang: »Ein Mann schraubt seinen Penis fester an.« Das klingt etwas vulgär, aber das Bild scheint bestimmte Aspekte der Differenzierung einprägsam zu benennen.

Männliche »Phallizität« ist nicht auf das Schlafzimmer beschränkt. Sie ist unverzichtbares Element von Männlichkeit, das in allen Lebensbereichen wirksam wird (wenn es denn vorhanden ist). Sein Vorhandensein oder Fehlen zeigt sich bei Geschäftsverhandlungen, familiären Interaktionen (besonders bei Eltern und pubertierenden Kindern) und im täglichen Umgang mit Männern und Frauen. Es kann als Produktivität, Spannkraft und Durchsetzungsvermögen in Erscheinung treten, sollte aber nicht mit Angriffslust, Unbeständigkeit, Destruktivität oder Egoismus verwechselt werden. Die letztgenannten Eigenschaften charakterisieren Männer mit einem niedrigen Differenzierungsgrad, deren Penis gerade nicht »gut angeschraubt« ist. Männer, die sich ihrer Potenz sicher sind, wirken eher sanft, gelassen und rücksichtsvoll. Ein wirklich phallischer Mann muss sich nicht unablässig selbst beweisen. Potenz ist nicht identisch mit Destruktivität, aber viele Männer verwechseln beides und rücken folglich lieber von dem »potenten« Teil ihrer Persönlichkeit ab. *(David Schnarch, Die Psychologie sexueller Leidenschaft, S. 320)*

Letztlich geht es beim Ficken genau darum:

Den Partner nehmen und sich von ihm nehmen lassen erfordert mehr als eine Überwindung der eigenen Komplexe. Es muss eine Entwicklung stattfinden, die besonders die Selbststeuerung und das eigenverantwortliche Handeln betrifft. *(David Schnarch, S. 339)*

Geht freudig in den Orgasmus, sobald er sich ankündigt

...und bleibt danach in stiller Vereinigung beieinander.

Ob nun über die stille energetische Sexualität oder über das Ficken – der Orgasmus kann in jeder Situation ausgelöst werden. Wann und wie er kommt, kann nicht mehr gesteuert werden, wenn man ihn nicht mehr »macht«, sondern geschehen lässt. Ein Orgasmus, der – ob bei einem von euch oder bei beiden gemeinsam – in dieser ungesteuerten, selbstregulierten Weise geschieht, hat einen ganz anderen »Geschmack«, eine andere Tiefe und Erfüllung als der gepresste, hergestellte Orgasmus, der üblicherweise auch bei der Selbstbefriedigung beziehungsweise dem »Sex-Machen« entsteht. Er wird immer noch innerhalb der körperlich-emotionellen Charakterstrukturen, also mit den Beschränkungen der kontrahierten Muskulatur entstehen. Aber da man zuvor keinen künstlichen Druck aufgebaut hat, kein »ich will es jetzt machen oder haben« kann er viel weicher und mit viel weniger Zuckungen ablaufen. Der Grad der Entladung und der Befriedigung kann daher sehr viel höher sein, als ihr es gewohnt seid.

Nach einem Orgasmus kann es durchaus geschehen, dass der Wunsch, sich wieder zu vereinen, für ein, zwei Tage verschwindet. Das ist das natürliche Ergebnis der tiefen Entladung. Je vollständiger die Entladung im Orgasmus ist, desto länger dauert es, bis der erneute Energieüberschuss wieder aufgebaut ist. Das ist eine der zentralen Erkenntnisse aus Wilhelm Reichs Orgasmusforschungen. Es ist ein verbreiteter Mythos zu meinen, dass es von gesunder Potenz zeugt, wenn man nach einem Orgasmus schnell wieder einen weiteren möchte oder gar zwei, drei Mal hintereinander zum Orgasmus kommen kann. Es ist genau anders herum: Wer nach einem Orgasmus schnell wieder die entsprechende Spannung aufbaut, hat eben keine tiefe Entladung erfahren. Die im Körper verbliebene Restspannung treibt Menschen dann immer wieder in die orgastische Erfahrung hinein. *Oft wieder »kommen zu wollen« zeugt also von energetischen sexuellen Störungen, also von orgastischer Impotenz im Sinne Wilhelm Reichs, und nicht von sexueller Gesundheit.*

In der Sexualliteratur wird immer wieder behauptet, dass Männer nach dem Orgasmus eine gewisse Erholungszeit benötigen, weil sie ihre Energie verloren haben und dass Frauen viele Orgasmen nacheinander erleben können. Wilhelm Reich hat mit seinen Forschungen deutlich belegt, dass dies Unsinn ist. In dieser Beziehung funktioniert der weibliche Körper nicht anders als der männliche. Die Entladung überschüssiger Energie ist lebensnotwendig und extrem lustvoll – und das ist von der Natur so gewollt.

Wenn Menschen, also auch Frauen, immer wieder – nach wenigen Minuten bis hin zu ein, zwei Stunden – zum Orgasmus streben möchten, ist dies der unvollständigen Entladung geschuldet, die aus der »orgastischen Impotenz« herrührt. Auch Frauen, die einen weitgehend vollständigen Orgasmus erleben, brauchen danach eine längere Erholungszeit. Und die ist bei jeden Menschen und in jeder Situation unterschiedlich. Die Reichsche Forschung hat belegt, dass diese Erholungszeit bei allen Menschen um so länger andauert, je tiefer die energetische Entladung war, also je vollständiger der Orgasmus gewesen ist.

Erkennt den Talorgasmus und genießt ihn

Der Talorgasmus ist eine tiefe, sinnliche Erfahrung des extrem gesteigerten energetischen Fließens, die sich sowohl aus der stillen, weitgehend bewegungslosen Vereinigung und auch aus dem wilden Ficken ergeben kann. Ob der Begriff »Orgasmus« für diese Erfahrung angemessen ist, mag dahingestellt sein, er hat sich nun einmal eingebürgert.

Die Erfahrung des Talorgasmus kann genauso deutlich und sinnlich erregend sein wie ein »normaler« Orgasmus, der durch den

Aufbau von Erregung und die orgastische Entladung gekennzeichnet ist. Er kann aber auch als eine leichte, körperlich-sinnliche Form der Hingabe an innere energetische Prozesse erlebt werden.

Im Talorgasmus können alle sinnlichen, emotionalen, körperlichen Erfahrungen auftreten, wie sie auch im Vorfeld des normalen Orgasmus erlebt werden, also starke Erregung, unwillkürliche Bewegungen aber genauso auch das stille ineinander Ruhen. Das Wesentliche daran ist, dass der Drang zum orgastischen Höhepunkt nicht entsteht oder nicht »gemacht« wird und dass die orgastische Erfahrung selbst dadurch viel länger andauert, eventuell viele Minuten bis hin zu Stunden.

Das besonders Berührende am Talorgasmus ist die tiefe Verbindung, die beide in dieser Erfahrung machen, egal ob der Talorgasmus von den Partnern gleichzeitig oder nur von einem erlebt wird. Es ist eine überaus berührende erotische und spirituelle Erfahrung der Einheit zwischen zwei Menschen, die aus der körperlich-erotischen Sinnlichkeit, dem Gefühl des tiefen Verbundenseins und des seelischen Gleichklangs erwächst. Es ist ein süßes, saftiges, absolut erfüllendes Erlebnis, das zu Tränen rühren kann und zwei Menschen auf eine Ebene von gemeinsam erlebter sinnlicher, emotioneller und geistiger Liebe führt, die alles hinwegfegt, was noch als trennend oder behindernd zwischen ihnen stand. Es ist die tiefe Erkenntnis, dass im Jetzt und Hier die volle sexuelle Erfüllung gelebt wird. Der Talorgasmus ist immer wieder mit dem Gefühl verbunden: »Das ist die beste Sexualität, die ich jemals erlebt habe.«

Ich habe diese Erfahrung des Talorgasmus in fast jeder energetischen Liebesvereinigung gemacht, und sie war jedes Mal anders und vor allem auch mit jeder Partnerin und in vielen Situationen völlig unterschiedlich. Deshalb fällt es mir schwer, eine allgemeingültige Beschreibung zu finden, die den Talorgasmus so beschreiben könnte, dass auch derjenige sie versteht, der die Erfahrung selbst nicht kennt. Dasselbe gilt natürlich auch für den konventionellen Orgasmus. Auch der ist einem Menschen, der ihn nie erlebt hat, über eine verstandesmäßige Beschreibung nicht oder nur unzureichend verständlich zu machen.

Es gibt in den Büchern über Neo-Tantra, Tao-Sex und Karezza viele Beschreibungen dieser Erfahrung, und sie mögen alle in der einen oder anderen Weise zutreffen, aber mein deutliches Gefühl ist, dass gerade bei diesen Beschreibungen und besonders bei den vielen technischen Anleitungen zum »Machen« des Talorgasmus dasselbe Problem zutage tritt, das auch bei allen anderen Sexualratgebern zu finden ist. Die Autoren können nur aus ihrem eigenen Fundus von Erfahrungen schöpfen, und die meisten neigen dazu, ihr Erleben als »natürlich«, also als allgemeingültig darzustellen, was ich prinzipiell in Frage stelle, da kaum einer von ihnen in der Lage zu sein scheint, bei sich selbst eine (neurotische) Beschränkung der Erlebnisfähigkeit zu sehen oder auch nur zu vermuten, geschweige denn sie zuzugeben und zu thematisieren.

Das größere Problem, das ich sehe, ist, dass gerade bei diesem Thema besonders viele Anleitungen zu finden sind, wie man den Talorgasmus durch verschiedenste Übungen »machen« oder »erlernen« kann.

In meiner Erfahrung – die selbstredend ebenfalls nur subjektiv und von meinen eigenen Beschränkungen gekennzeichnet ist – entsteht der Talorgasmus vollständig aus der Absichtslosigkeit der liebenden sexuellen Vereinigung. Alles Machen, Üben, Herstellen, alle Rituale und bewussten Handlungen, seien sie auch noch so gut gemeint, führen in die falsche Richtung.

Und ich möchte vor allem einem Irrtum begegnen, der in diesem Zusammenhang immer wieder verbreitet wird. Es ist ein wesentlicher Aspekt des Talorgasmus, dass die Ejakulation, die meist mit der orgastischen Konvulsion des Mannes einhergeht, nicht oder erst nach einer langen talorgastischen Phase ausgelöst wird.

Das hat zu der immer wieder verbreiteten Idee geführt (die sich bis zur Ideologie ausgebreitet hat), dass die Ejakulation und der normale Orgasmus verhindert und daher »kontrolliert« werden müssen. Diese Idee durchzieht die gesamte Neo-Tantra-, Tao-Sex- und Karezza-Literatur in den unterschiedlichsten Varianten. Ich kann an dieser Stelle eigentlich nur den Rat geben, sich auf all diese Versuche nicht einzulassen, sich kontrollierend auf den Talorgasmus hinzuarbeiten, ihn anzustreben und zu »machen« und ebenso, sich auf die Kontrolle des Nicht-Ejakulierens einzulassen.

Diese Ideologie hat auch zu der eigenartigen Ansicht geführt, dass der Talorgasmus nur dem männlichen Erleben zuzuordnen sei und dass Frauen, weil sie angeblich nicht ejakulieren (was einfach nicht stimmt), viele normale Orgasmen haben können, während nur der Mann das orgastische Erleben durch die Ausdehnung des Talorgasmus erleben kann und soll. Diese fragwürdige Einstellung stammt offenbar aus den alten tantrischen und taoistischen Praktiken, in denen Sexualität ausschließlich als spirituelle Praxis des Mannes verstanden wird. Frauen (denen in diesen Überlieferungen die Fähigkeit zu spiritueller Erfahrung weitgehend abgesprochen wird) dienen hier dazu, der Erleuchtung und Lebensverlängerung des Mannes zu *dienen*. Es geht dabei eben nicht um gleichberechtigte, partnerschaftliche Sexualität, sondern es ist eine Form der patriarchalischen Sexualität, in der die Frau als Eigentum des Mannes ausschließlich seinen Bedürfnissen dient. Dass den Frauen dabei auch eigene Lusterfahrungen zugestanden werden, dass der Mann »die Frau erfreuen« soll und so ähnlich, ist dann auch nur eine Variante dieser Einstellung, dass der Mann der Handelnde und die Frau das Objekt seiner Handlungen ist.

Ich habe in allen Beziehungen, in denen ich mit meinen Partnerinnen energetische Sexualität gelebt habe, erfahren, dass auch meine Partnerinnen den Talorgasmus auf ebenso berührende Weise erlebt haben.

Orgastische Erfahrung im Alter: eine neue Tiefe erleben

Ältere Menschen haben oft eine erheblich erhöhte Reizschwelle zum Orgasmus, was leider oft – bedingt durch das Frischfleisch-Modell von Sexualität – als Mangel oder Einschränkung beschrieben und dann von älteren Menschen auch so erlebt wird, weil sie eben nichts anderes kennen. Dann werden oft Tips gegeben, wie man die Erregung künstlich durch Techniken oder Spielzeuge steigern kann.

Tatsächlich scheinen junge Menschen in der sexuellen Begegnung viel schneller und heftiger zum Orgasmus zu drängen, weil die sinnliche Erfahrung so mächtig ist. Dann – so meinen viele – wird es nötig, den Drang zum Orgasmus zu zügeln und Techniken anzuwenden, um den starken Orgasmusdrang abzubremsen. Ich habe diese Techniken jedoch als störend und unangemessen erlebt, weil sie in starkem Maße vom Verstand kontrolliert sind, und sie als eine unangemessene Moralisierung meiner sexuellen Möglichkeiten abgelehnt. Nur in der Phase des Erlernens von energetischer Sexualität, als ich mich nahe an den Regeln von Barry Longs »Making Love« orientiert habe, habe ich bewusst versucht, Orgasmen zu vermeiden, was mir – glücklicherweise – nie wirklich gelungen ist. Zuerst habe ich das als meine eigene Beschränktheit, als Konditionierung und dementsprechend als Mangel erlebt, bis mir klar wurde, dass das gemeinsam erwünschte Ficken im vollen Kontakt kein Mangel an Kontrolle ist, sondern eine eigenständige, vollkommen erfüllende Form von Sexualität.

Ich habe selbst erfahren, dass der Orgasmusdrang ab etwa dem Alter von 50 Jahren bei mir so weit nachgelassen hat, dass die Erfahrung des Talorgasmus ganz von alleine, sich selbst regulierend, entstand. Natürlich habe ich auch heute noch die Möglichkeit, die entstehende Erregung dann über die bekannten Mechanismen – also gezielte Erregung am Penis durch Reibung, Reizung besonders erogener Körperstellen wie der Brustwarzen, Pressatmung, muskuläre Versteifung und so weiter – in Richtung eines sich entladenden Orgasmus zu steuern. Und wenn meine Partnerin das auch genießen kann und selbst in diese Stimmung kommt, kann diese sexuelle Stimulation im Ficken als gemeinsame Erfahrung von wildem, ungestümem Sex gelebt werden. Dieses Ficken ist dann selbst eine sinnerfüllte Erfahrung und nicht auf das eine Ziel des Orgasmus gerichtet.

Aber das Besondere am Erleben von Sex im Alter ist für mich, dass ich die Wahl habe: den Talorgasmus zu erleben und über lange Zeit mit meiner Partnerin in diesem Hochgefühl von orgastischer Erregtheit und seelischer Einheit zu bleiben oder der erotischen Spur zum Orgasmus mit der letztendlichen Entladung zu folgen, in der ebenfalls seelische Einheit erlebt werden kann, wenn der tiefe Kontakt gehalten wird. Beide Wege sind nun möglich und beide haben ihren eigenen Geschmack, haben ihren eigenen, aus sich selbst ergebenden Sinn, der keiner Erklärung bedarf. Welcher dieser Spuren man folgen will, ist ausschließlich Ausdruck der gemeinsamen, von beiden Partnern gewollten Lusterfahrung im Hier und Jetzt und damit abhängig vom Grad sexueller Selbstbestimmung, von sexueller Reife.

> Die meisten Menschen erreichen ihre sexuelle Reife nie. Diejenigen, denen es gelingt, sind dann bereits in ihren Vierzigern, Fünfzigern oder Sechzigern. Sinnerfüllte Sexualität beruht nicht auf physiologischen Reflexen, sondern setzt eine bestimmte Stufe der persönlichen Entwicklung voraus. Zwischen Zellulite und leidenschaftlichem Sex besteht ein enger statistischer Zusammenhang. […]
>
> Tatsache ist, dass Frauen sich im Laufe der Jahre mehr auf die eigenen genitalen Empfindungen einlassen und die sexuelle Begegnung mehr genießen können. Unterdessen wächst das Interesse der Männer an Intimität und einer engen emotionalen Verbundenheit. Das heißt, Männer und Frauen

werden sich, während sie ihr sexuelles Potential entfalten, ähnlicher und passen immer besser zueinander. *(David Schnarch »Die Psychologie sexueller Leidenschaft«, S. 94 - 96)*

Halte immer Kontakt zu dir selbst und zum Partner

Jeder ist immer bei sich selbst, am besten, indem ich mein Genital von innen fühle und meinen inneren Körper, dort, wo sich inneres Gefühl von alleine meldet. Erst dann, wenn ich mich selbst fühle, gehe ich mit meinem Gefühl auch zum Partner. Gehe nicht energetisch »in den Partner hinein«, indem du deinen Körper verlässt. Was damit gemeint ist, wirst du deutlich erleben, falls es auftritt.

Ganz egal in welcher Situation – beim Vorspiel, bei der vorsichtigen Annäherung, beim Ineinandergleiten, bei der stillen, fast bewegungslosen Vereinigung, beim Ficken und bei jeder Form des Orgasmus – immer geht es darum, den Kontakt zu sich selbst und dann in derselben Intensität auch zum Partner zu halten und sich dessen auch bewusst zu sein.

Es gibt wohl keine menschliche Erfahrung, die so sehr danach ruft, Kontakt herzustellen und zu halten, wie die sexuelle Vereinigung. Nie ist es so leicht, weil so sinnlich erfüllend, im Kontakt zu sein und zu bleiben.

Viele Sexualratgeber beschreiben genau das Gegenteil, zum Beispiel sich mit unerotischen Gedanken zu beschäftigen, wenn es darum geht, eine verfrühte Ejakulation zu verhindern, oder auch, sich gegenseitig sexuelle Phantasien zu erzählen und umzusetzen. Viele Sexualpsychologen sagen, dass »Erotik im Kopf stattfindet«. Ja, leider, kann ich dazu nur sagen.

Es ist so einfach und so natürlich und vor allem so süß und sinnhaft, diesen Kontakt zu halten – und dennoch ist es für viele genauso erschreckend und abstoßend. Wer sich in der sexuellen

Vereinigung innerlich vom Partner trennt, sei es um erotischen Phantasien nachzulaufen oder weil sich die Sorgen des Alltags in unendlichen Gedankenketten immer wieder reproduzieren, verliert auch den Kontakt zu sich selbst, und es gibt einen einzigen Grund dafür: Man will der Lust ausweichen, weil man so oft erlebt hat, dass sich dann auch in gleicher Intensität der Schmerz melden kann.

Da besteht tatsächlich ein enger Zusammenhang. Wenn man sich der energetischen Wirklichkeit im eigenen Körper, in den eigenen Gefühlen öffnet und sich dem Kontakt zum Partner öffnet, sind alle Schleusen dabei, sich zu öffnen – auch die zu den gut verpackten emotionellen Schmerzen. Deshalb leben die meisten Menschen in der relativ angenehmen aber seichten Grauzone unverbindlicher Kontaktlosigkeit. Und bei den meisten Menschen gibt es auch gar keine Alternative dazu, weil ihnen der tiefe Kontakt zu sich selbst, zum Partner und zu den verborgenen Schmerzen unendliche Angst bereitet. Lieber würden sie von einer Klippe springen.

Deshalb ist energetische Liebe einfach nichts für jedermann, sondern nur für Menschen, die einen soliden Zugang zu ihrem eigenen Kern haben, zur genitalen Charakterstruktur, die in den meisten Menschen zwar verschüttet ist, aber bei vielen eben auch so lebendig, dass sie sich der eigenen Lust und den verborgenen Schmerzen zu stellen trauen.

Der Kontakt findet auf vielen Ebenen statt: zuerst einmal körperlich, ausgehend von der genitalen Vereinigung, über die Hände, die Haut, die sich berührt, über die Lippen, die küssen, und genauso über den Geruch, über die Geräusche, die im Liebesspiel entstehen. Dann ist da der Kontakt über die Augen, der ein gegenseitiges Erkennen der Seelen ermöglicht. Und der Kontakt über die Sprache, seien es sinnliche Grunzlaute, verzücktes »Ja, ja, so ist es gut!« oder auch Gespräche, die sich ergeben: *jedoch ausschließlich Gespräche über das, was JETZT ist,* nicht über die Kinder, den Beruf, den Haushalt oder die Steuererklärung.

Jede Kontaktebene kann sich vertiefen, immer tiefer und tiefer werden, jede kann so intensiv werden, dass sich daraus ein Orgasmus löst. Völlig neue Erfahrungen von Einheit, von Sinnlichkeit und Sinnhaftigkeit ergeben sich spontan, von denen man vorher nicht ahnte, dass sie überhaupt existieren.

Seht euch immer wieder in die Augen

Bleibt präsent, bleibt beieinander. Viele Paare sind es gewohnt, die Augen zu schließen und zu schweigen. Jeder driftet in seine eigene Traum- und Phantasiewelt ab. Der Mann steigt ein in seine erotischen Höhenflüge, die Frau in Welten voller Zärtlichkeit und Wohlbefinden. Meist merkt ihr gar nicht, dass ihr gar nicht mehr beieinander seid. Ihr benutzt eure Körper, um Emotionen hinterherzujagen, die im Kopf stattfinden. »Erotik findet im Kopf statt.« Ja, leider.

Fühlt euch gegenseitig mit den Augen. So wie die genitale Vereinigung sich immer wieder in völliger Ruhe und in lustvollen Bewegungen zeigt, so zeigt sich die seelische Vereinigung über die Augen auch in verschieden langen und intensiven Blicken, die alle ihre eigene, unterschiedliche Qualität haben können.

Die Augen sind die Tore zur Seele. Das ist in der energetischen Sexualität kein hübsches Spiel mit Worten, sondern wahrhaftiges, sinnliches Erleben. Wer es zum ersten Mal erlebt, dass er die Seele seines Partners sieht und dass er selbst auf der Seelenebene angesehen wird, ist meist zutiefst zu Tränen gerührt. Das ist eine Berührung, die nicht weniger intensiv und erfüllend, sinnlich und erschütternd ist, wie die Berührungen, die die Körper über die vereinigten Genitalien erleben. Sich das erste Mal seelisch zu erkennen, ist ebenso ergreifend und erschütternd, wie sich das erste Mal sexuell zu vereinigen: eine Erfahrung, deren Wahrhaftigkeit keiner Erklärung und keiner Deutung bedarf.

Redet miteinander

Gebt euch auch über liebevolle Worte dieselbe Zärtlichkeit, die ihr euch über die Genitalien, über zarte Berührungen und über die Augen zeigt. Kritisiert den Partner nicht und sprecht keine Verbote oder Regeln aus. Korrekturen sollten sehr einfühlsam vermittelt werden.

Das Abdriften in die Kopf-Welten hat seine Funktion, wenn es beim Sex darum geht, die Intensität der Erregung zu steigern oder abzubremsen. Dabei stören Worte nur. Jetzt könnt ihr das nutzen. Da, wo euch Worte zuvor abgelenkt haben, können sie euch jetzt helfen, eben nicht in die Richtung von hergestellter Erregung zu gehen.

Vor allem: Sagt euch gegenseitig, was ihr schön findet. Immer wieder! Wiederholungen sind okay, ja, sie machen euch besser bei der Liebe. Es geht nicht um differenzierte Schilderungen. Oft reicht schon ein »Ja, ja!« oder »Schön, mehr davon.« Gebt euch so viel positive Rückmeldung wie nur irgend möglich. Viele Frauen beschweren sich, dass ihre Männer unbeholfene Liebhaber sind, teilen sich aber kaum mit oder nur einmal, und dann muss er es verstanden haben. Hilf dir selbst und rede mit ihm, mach dir deinen eigenen perfekten Liebhaber. Er will es ja, aber du musst ihm auf die Sprünge helfen. Woher soll er es wissen, wenn nicht von dir? Und: Sag es ihm immer wieder – nicht was er falsch macht, sondern was er gut macht (und manchmal ein wenig Korrektur: was er besser machen könnte). Liebe Frauen, so viel Pädagogik muss sein! Irgendwann lernt er es, deine Brust nicht zu grabschen, sondern leicht und wie ziellos um die Brustwarze herum zu streicheln, bis er sie, fast unabsichtlich, ganz leicht berührt und dann wieder, in der richtigen Situation, fest anfasst. (Das war nur ein Beispiel…)

Und unterschätze nicht seine Unsicherheit. Viele Männer haben ihre Identität aus der Rolle gezogen, ihre Partnerin zum Orgasmus zu bringen. Dass diese Rolle nun wegfällt, ist ein Einbruch dieser Selbsteinschätzung, der auch traumatisch erlebt werden kann. Indem die Frau ihm immer wieder deutlich zeigt, was ihr gefällt und wie sehr sie es genießt, und indem sie immer wieder zur Liebe bereit ist, kann sie ihm über diese Phase der Unsicherheit hinweghelfen.

Und indem er ihr zeigt und sagt, dass und wie sehr ihm diese Form der Liebe gefällt, hilft er ihr, ihre Unsicherheit zu überwinden. Viele Frauen vergleichen sich unbewusst mit anderen Frauen, wollen gefallen, ihren Partner festhalten, indem sie sich ihm – besonders zu Anfang einer Beziehung – als willige, am Sex interessierte Frau zeigen. Sie ignorieren zu oft ihre eigenen Empfindungen und entwickeln eine unterschwellige Abneigung gegen Sex, die dann wie eine Krankheit ausbricht, sobald sie sich der Beziehung sicher sind. Dann träumen sie von Zärtlichkeit und holen aus dem Sex für sich die wenigen Momente von Nähe und Vertrautheit heraus, bevor es dann »zur Sache geht«. Sie schaffen sich eine Traumwelt aus Liebe, die fast nie der Wirklichkeit entspricht. Indem er ihr immer wieder sagt, wie sehr er ihre Berührungen, ihre Hingabe, ihre Lust genießt, hilft er ihr, sich darauf zu beziehen, was jetzt ist, und nicht in imaginäre und idealisierte Traumwelten abzudriften.

Fühlt den Fluss und folgt der energetischen Wahrnehmung

Geht mit. Folgt dem Fluss, ohne etwas steuern oder herstellen zu wollen. Das ist wichtig. Viele der neueren Sexualratgeber, die sich auf Tantra, Tao-Sex oder Karezza beziehen, geben Übungen vor, wie man den Energiefluss über Atem- und Visualisierungstechniken bewusst steuern kann. Das ist kontraproduktiv und verhindert mehr, als es nutzt. Die energetische Seite der Sexualität soll in diesen Übungen über den Verstand kontrolliert werden. Genau das ist das Problem: Der Verstand, also das Ego, wird zum Handelnden gemacht, und das Ego wird die selbstregulierte, feine, ungesteuerte sexuelle Liebe nicht zulassen. Ich weiß dies aus eigener Erfahrung – gerade weil ich lange Jahre intensiv Tantra praktiziert habe. Die Übungen, die in den verschiedenen Anweisungen praktiziert werden, haben natürlich zuerst ihre oft faszinierenden Wirkungen. Aber sie stammen aus spirituellen, esoterischen und magischen Traditionen, die versuchen, in ihrem Sinne – also im Zusammenhang einer differenzierten spirituell-rituellen Praxis – Effekte hervorzurufen. Sie sind Teil von spirituellen Traditionen, die ganz andere Ziele haben als erfüllende partnerschaftliche Sexualität. Und so geht die Faszination bald verloren, und es zeigen sich die alten sexuellen Muster, die den Charakterstrukturen der Partner entsprechen. Es ist nicht möglich, sich an den charakterlichen Mechanismen durch gezieltes *Machen* vorbeizumogeln. Gesteuerte Lust führt zwangsläufig zu unlebendigem Verhalten. Gesteuerte Lust ist ähnlich lebendig wie der mitteleuropäische Kulturwald: Er sieht grün aus und kann auch auf eine sehr beschränkte Weise gesund sein. Aber der lebendige Urwald ist etwas ganz anderes.

Die energetische Wahrnehmung über das Hören, Sehen und Fühlen des inneren Körpers ist ein sehr einfacher Weg in die Gegenwärtigkeit, die Leerheit, das Ich Bin. Ich stelle sie dir deshalb hier in einem anderen Kapitel vor. Der innere Körper und seine fühlbare Bewegung – das plasmatische Strömen – sind sehr sinnliche, physisch wahrnehmbare Energie-Erfahrungen, die ich als »Reise zur Seele« bezeichne, die dich in die Leerheit, die Egolosigkeit, in die Erkenntnis des Ich Bin führen können. Das Wesen der energetischen Wahrnehmung ist das ungesteuerte Erleben, die kompromisslose Selbstregulation. Es gibt in den Meditationstraditionen zwei grundsätzlich unterschiedliche Vorgehensweisen: Die übliche, meist praktizierte Meditation geschieht über Kontrolle, also über Rituale, Konzentrationsübungen, festgelegte Visualisierungen und so weiter. Der andere Weg ist die Achtsamkeit: Hier wird jede Aktivität eingestellt und nur wahrgenommen, was ist.

Die energetische Wahrnehmung ist nur über Achtsamkeit, also über ungesteuerte, selbstregulierte Wahrnehmung möglich. Jeder steuernde Eingriff des Verstandes führt dazu, dass die energetische Wahrnehmung gestört wird und abbricht. Insofern ist sie eine Meditationspraxis, die eine integrierte, automatische Erfolgskontrolle ermöglicht.

Ich habe die unterschiedlichen Formen der Energiewahrnehmungen im Internet unter www.orgon.de in Texten und als Hörbücher kostenlos veröffentlicht. Besonders »Die Reise zu deiner Seele« ist eine ideale Vorbereitung darauf, die Energiewahrnehmung auch in der Sexualität in derselben achtsamen Haltung des Belassens zu erfahren.

Die energetische Liebe bietet den Königsweg zur Energiewahrnehmung und zur Erkenntnis, wer du wirklich bist. Die Natur hat den Menschen eigens mit Organen ausgestattet – den Genitalien –, die keinen anderen Zweck haben, als sinnliche Freude zu bereiten, damit Menschen aus der Begrenztheit heraustreten und die Einheit erfahren können, die Einheit zwischen dir und deinem Partner, zwischen dem weiblichen und dem männlichen Leben, die Einheit mit allem Lebendigen und die Einheit mit dem Universum, mit Gott oder wie immer man diesen Prozess nennen mag – sich als kosmisches, energetisches Lebewesen zu fühlen. Die Genitalien sind dafür vollkommen perfekt geeignet. Dass an diese zutiefst positive sinnliche Freude die Funktion der Vermehrung – also das Zeugen von Kindern – gekoppelt ist, ist ein genialer Schachzug der Natur. Aber die Sichtweise, dass Sexualität in erster Linie der Vermehrung dient und nebenbei auch noch lustvoll sein kann, stammt aus der lustfeindlichen Ideologie des Patriarchats. Es ist genau umgekehrt.

Besonders für ältere Menschen gilt diese Erkenntnis: Auch und gerade, wenn nach dem Klimakterium die Fortpflanzungsfunktion wegfällt, ist die genitale Liebe in ihrer ganzen Schönheit erlebbar. Wenn die Natur die Sexualität nur zum Zweck der Fortpflanzung vorgesehen hätte, würde sie tatsächlich bei älteren Menschen naturgegeben versiegen. Aber nach meiner Erfahrung und in der von vielen lebendigen älteren Menschen ist es genau umgekehrt: Im fortgeschrittenen Alter kann die Sexualität eine Schönheit und Erfüllung bieten, die sie vorher nicht hatte. Es ist ein Prozess der fortgesetzten sexuellen und charakterlichen Reifung, der möglicherweise bis zum Lebensende andauert.

Die durch die sexuelle Vereinigung ausgelöste Energie-Erfahrung ist völlig natürlich, anziehend, süß und sinnlich. Jeder Mensch, der nicht emotionell verkrüppelt ist, liebt es, sich in dieser Weise als Energiewesen zu erleben. Es ist die spontane, ungeplante, selbstregulierte Art und Weise, wie Menschen sich als Energiewesen in der Einheit mit ihrem Partner und mit dem gesamten Sein erleben können.

Es gibt viele Meditations-Systeme, Glaubensvorstellungen und spirituelle Schulen, in denen Menschen angeleitet werden, den Weg zur göttlichen Einheit über Übungen, Gebete, Rituale und Meditationen zu beschreiten. Dazu benötigen Menschen Disziplin und Anleitung durch Organisationen, Meister, Gurus, Belehrungen und so weiter – jedenfalls glauben das viele. Tatsächlich haben Menschen ein von vornherein »eingebautes«, natürlich funktionierendes Organsystem, über das jeder Mensch direkten und unmittelbaren Zugang zur Einheit hat – und wenn dieser Zugang nicht von ihm selbst verschüttet wird, ist er so anziehend, so freudvoll, dass keine Disziplin, keine Übungen, keine Gurus und Organisationen oder was auch immer benötigt wird, um zum innersten Wesenskern Zugang zu finden. Es ist die neurotische Charakterstruktur, die den Zugang verschließt, der Schmerzkörper, die Angst. Es ist eine Krankheit, eine Epidemie, die die Menschheit seit Jahrtausenden im Griff hat. Es ist das im Menschen eingepflanzte Verbot, die Liebe, die sexuelle, sinnliche, genitale Liebe zu leben.

Du kannst den zarten Energie-Empfindungen folgen, die dich in der genitalen Umarmung durchströmen. Sie fließen über die Genitalien und über die Augen in deinen Partner und sie erreichen dich auf denselben Wegen. Sie fließen über eure Scheitel in den Kosmos, sie strömen und pulsieren im gesamten Körper und sind auch in der Aura, deinem Energiefeld, erfühlbar. Es ist eine eigene Form sinnlicher Wahrnehmung, ebenso vielfältig und ebenso deutlich wie alle anderen Sinneserfahrungen, die du in der Sexualität erleben kannst.

Inzwischen werden im »Neo-Tantra« und anderen Richtungen, die Formen von spiritueller Sexualität lehren, viele Übungen angeboten, diese Energieströme zu provozieren und zu lenken, zum Beispiel über Yoga- und Atemübungen. *Ich rate dir jedoch: Manipuliere diese Erfahrungen nicht!* Lass dich von ihnen führen. Sie sind viel intelligenter als deine mentalen Vorstellungen, dein Ego, intelligenter als spirituelle Gurus und ihre sexuellen Ratgeber. Diese Ebene kontrollieren zu wollen, ist völlig sinnlos und selbst eine Form des neurotischen Missbrauchs. Das sehen die Yoga-, Tantra- und Meditationslehrer anders, ich weiß. Die müssen ja auch von irgendetwas leben.

Ein gesellschaftliches und religiöses System, das die einfachste und tiefste emotionelle Erfahrung – die genitale Sexualität – tabuisiert, kann diesen Zugang zum Wesenskern nicht erlauben. Wenn wir uns verdeutlichen, dass all diese Systeme aus patriarchalischen Kulturen kommen, in denen die energetischen sexuellen Erfahrungen einzig der Lusterfahrung, der Lebensverlängerung und der »Erleuchtung« von Männern dienten, sollte klar werden, dass die Manipulation dieser Energieerfahrungen nicht für die partnerschaftliche Sexualität geeignet ist.

Wenn ihr euch diesen Energiewahrnehmungen hingeben könnt, so wie ihr euch auch den sinnlichen Empfindungen der energetischen Sexualität hingebt, werden sie euch in den Himmel führen.

Diese energetischen, subtilen Empfindungen zu entdecken und ihnen zu folgen, ist der zentrale Prozess in der energetischen Sexualität. Es ist eine aufregende Entdeckungsreise in ein neues Land, das ihr nur gemeinsam betreten und erkunden könnt.

Ich habe mich in diesem Buch bewusst dafür entschieden, hier nicht tiefer auf die Schilderung dessen einzugehen, was die Erfahrung dieser energetischen Empfindungen ausmacht und wohin sie führen kann. Vielleicht werde ich das später einmal an anderer Stelle tun. Jede Schilderung dessen birgt in sich die Gefahr, dass neue Zielvorstellungen, neue Leistungsforderungen und neue Moralvorstellungen entstehen können. In der Neo-Tantra-Literatur sehe ich, dass dies meist gründlich schiefgeht und neue Formen der Manipulation hervorbringt, indem diese höchst sensiblen Erfahrungen gnadenlos für kommerzielle und ideologische Zwecke missbraucht werden.

Folgt nicht den inneren Bildern und Gedankenketten

Das gilt nicht nur für erotische Phantasien, sondern für alle Gedanken. Sobald du feststellst, dass innere Bilder oder selbstständige Gedankenketten auftreten – das geschieht wahrscheinlich immer wieder »wie automatisch« – lass die Gedanken und Bilder fallen wie ein Ding, das du nicht brauchst. Ärgere dich nicht, schelte dich nicht dafür. Geh einfach wieder in das Fühlen des inneren Körpers, ausgehend vom genitalen Gefühl, sieh deinem Partner in die Augen. Erlebt und bestätigt euch gegenseitig, dass ihr präsent, gegenwärtig seid. Das werdet ihr zumeist direkt empfinden, es ist die völlig eindeutige Wahrheit, die ihr als Vereinigung und in der Vereinigung erlebt. Dann folgt den Erfahrungen des Einsseins und lasst immer wieder die inneren Bilder und die Gedanken einfach los, sobald sie auftreten. Dieser Prozess ist völlig selbstreguliert. Je weniger ihr eingreift, desto einfacher funktioniert er. Es ist keine Meditation und doch viel effektiver als jede Meditationspraxis – mag sie auch noch so ausgefeilt sein.

Spirituelle Lehrer wie zum Beispiel Eckhart Tolle haben Zugänge zur Gegenwärtigkeit, dem Ich Bin gelehrt. Es ist jedoch bemerkenswert, dass in den meisten spirituellen Belehrungen der Zugang zum Ich Bin über die Sexualität fast völlig fehlt. In den Tantras des tibetischen Buddhismus – beispielsweise im Karmamudra – ist der spirituelle Weg über Sexualität beschrieben. Dort allerdings als höchst komplexe Meditationspraxis, die eine Vorbereitung über jahrzehntelange Arbeit erfordert. Auch im Taoismus und Hinduismus sind entsprechende Geheimbelehrungen enthalten. Diese standen nur bestimmten Kasten zur Verfügung: den hohen Lamas, den Brahmanen und den Yogis, den »Meistern«. (Frauen waren nicht darunter oder nur in Ausnahmefällen, wie zum Beispiel Daniel Odier beschrieben hat.) In allen diesen esoterischen Geheimbelehrungen gelten die sexuellen tantrischen Praktiken als die höchsten und effektivsten Wege zur Erleuchtung, im tantrischen Buddhismus sogar als unabdingbare Voraussetzung. *Für die partnerschaftlich gelebte Liebe sind tantrische Belehrungen jedoch nie vorgesehen gewesen und meiner Ansicht nach auch völlig ungeeignet.*

Achte auf die Präsenz deines Partners

Sobald du fühlst, dass dein Partner nicht präsent ist, dass er in innere Bilder und Gedanken fällt und den Kontakt verliert, hole ihn sanft zu dir und damit zu sich selbst zurück.

Anders als in Meditationen, in denen sich Menschen alleine in inneren Prozessen um die Erfahrung der Präsenz bemühen, ist in der energetischen Liebe die Präsenz, die Erfahrung des Ich Bin im Hier und Jetzt ein gemeinsames seelisch-körperliches Erleben. Ihr erfahrt jeder für sich die Gegenwärtigkeit als ganz eindeutige Realität. Alles andere – die Welt – verschwindet aus dem Bewusstsein, ist vielleicht noch da oder auch nicht. Die Welt besteht nur aus dem, was jetzt hier ist. Alles andere ist schlicht unwichtig. »Die Welt« ist eine gedankliche Projektion, eine Kopf-Konstruktion. Nirgends wird das so deutlich wie in der sexuellen Vereinigung. Ob ihr zehn Minuten oder drei Stunden in Vereinigung seid – so genau könnt ihr das nicht bestimmen, weil die Zeit nicht mehr existiert. Der Raum des Erlebens beschränkt sich auf das Bett (oder wo immer ihr euch liebt). Alles, was ihr nicht in diesem Raum des Erlebens wahrnehmen könnt, existiert nicht.

Das Erleben ist vollkommen gemeinsam. Du fühlst die Präsenz deines Partners: in seinem Gefühl, das dein Gefühl ist, in deinem Genital, das mit seinem eine gemeinsame Pulsation ist, in seinen Blicken, die sich in deinen treffen und zu einer gemeinsamen Reise tief in eure Seelen werden.

Verliert sich einer von euch in Gedanken – was natürlich immer wieder vorkommt, denn ihr seid Menschen und nicht perfekt – fühlt der andere dies. Es ist eine deutliche Unterbrechung der Präsenz. Es ist dann ganz einfach und natürlich, den Partner wieder hereinzuholen. Und wenn du fühlst, dass er das jetzt nicht kann – es ist auch einfach und unproblematisch, dann auch aus der sexuellen Umarmung herauszugehen und das »normale Leben« wieder aufzunehmen und die Dinge zu tun, die Menschen nun mal so tun. Ihr wisst beide, dass ihr euch wieder vereinigen werdet, dass keine Eile besteht, dass es keine Notwendigkeit gibt, diesen Zustand über das, was beide jetzt wollen und können, auszudehnen. Es ist dieses Wissen, dass die Vereinigung immer wieder von vorn beginnt und dass es dennoch immer wieder völlig neu und aufregend ungeplant ist, was in der energetischen Liebe geschieht, was sie so anziehend und einzigartig macht.

Du weißt, dass du deinen Partner wieder in die Präsenz holen kannst, und er weiß, dass er dich wieder hereinholen kann. Ihr entwickelt ein Vertrauen aus der gelebten Erfahrung vieler Vereinigungen. Ihr wisst, dass es eben nicht nur um Sexualität geht, sondern um eine Begegnung, die alle möglichen Formen von Tiefe, Freude, Erfüllung bereithält. »Sex« ist die Zündung, die den Motor der Liebe immer wieder anwirft. Es kann sanfte Zärtlichkeit sein oder drängende Geilheit – alles ist möglich, alles ist gleich willkommen, weil ihr erlebt habt, dass in jeder Begegnung das Ganze erfahrbar ist.

Beendet es, sobald einer von euch fühlt, dass es genug ist

Verständigt euch darüber, wann es genug ist, und achtet darauf, wie es dem Partner damit geht, aber jeder bleibt bei sich und steht klar zu seinem Gefühl.

Letztlich ist es egal, warum die Vereinigung beendet wird. Meist wird das Gefühl bei euch beiden gleich deutlich sein, dass es nun genug ist. Aber es kann auch sein, dass es nur bei einem so ist, und der andere ist überrascht, weil er noch vollständig in der Vereinigung versunken ist.

Wenn nun Enttäuschung oder gar Frustration aufkommt, ist dies ein Schmerzkörper, der gemeinsam angesehen werden sollte. Dann ist da eine emotionale Verschmelzung, eine Abhängigkeit, die in Beziehungen immer wieder auftritt, die jedoch fast nie etwas mit der aktuellen Partnerschaft zu tun hat, sondern mit der Charakterstruktur, der »eingebauten Geschichte«, die jeder mit in die Beziehung einbringt.

Jetzt geht es darum, wie ihr energetisch lieben lernen könnt

Alles, was hier beschrieben ist, habe ich erlebt und ausprobiert. Es ist kein theoretisch angelesenes Wissen. Daher kann es sein, dass Anweisungen fehlen, die ihr brauchen könntet, weil euer sexuelles Erleben anders ist als das, was meine Partnerinnen und ich erlebt haben. Nun ja, dann wäre es gut, wenn ihr eure Erkenntnisse auch weitergebt, sobald ihr so weit seid.

Macht euch klar, dass ihr hier keine neuen sexuellen Techniken oder andere Verhaltensweisen und veränderten Einstellungen einübt. Ihr beginnt einen neuen Lebensabschnitt, ihr werft überflüssigen Ballast ab, der euch bis hierher das Leben schwer gemacht hat, und ihr beginnt zu lieben. Ihr erlaubt, dass eure Körper bestimmen, was Liebe ist. Ihr erlaubt, dass eure Körper glücklich sind, dass sie endlich, nach so vielen Jahren, selbst lieben und nicht mehr als Marionetten des Verstandes und seiner wechselhaften Gefühle dem emotionell produzierten Sex ausgeliefert sind.

Ich weiß, der Anspruch ist hoch: Miteinander glücklich werden. Dieser Anspruch: »Mach mich glücklich!« »Rette mich!« hat schon viele Beziehungen zerstört. Deshalb rate ich euch: Seht euch an – jeder für sich und gemeinsam –, was jeder von euch bereit ist, in diese Veränderung eurer Sexualität hineinzugeben. Daher:

Lest dieses Kapitel mehrmals und sprecht darüber

Ihr könnt nun verstehen, was dieser Weg von euch verlangt. Sprecht über die Möglichkeiten, die er bietet, aber sprecht auch eure Bedenken und Befürchtungen aus. Sagt euch gegenseitig zum Beispiel, wie sehr ihr euch wünscht, endlich ohne Druck lieben zu können, aber auch, dass ihr vielleicht Bedenken habt, dass einfach nichts passiert, wenn ihr einfach so die Genitalien zusammensteckt.

Ihr werdet in den Gesprächen vielleicht dorthin kommen zu verstehen, dass alle Bedenken (und ebenso alle Hoffnungen) nichts anderes sind als Gedanken. Ihr habt in der Vergangenheit eure Erfahrungen mit Sex gemacht. Daher wollt ihr die guten Erlebnisse wiederholen und die schlechten vermeiden. Die Zukunft ist also eine gedankliche Vorwegnahme oder Vermeidung der Erfahrungen der Vergangenheit, eine Projektion, eine Spiegelung – wie eine Filmprojektion. Wirklichkeit ist nur das, was jetzt ist.

Lernt, im Jetzt zu sein – jedoch macht aus der Liebe kein Ritual

Sexuelle Liebe ist immer nur *jetzt* möglich. Sexualität ist der einfachste, machtvollste Weg, im Jetzt zu sein, sich der Erfahrung von Gegenwärtigkeit vollständig bewusst zu sein. Das ist die spirituelle Dimension der sexuellen Liebe, die sofort aufleuchtet, sobald das *Ziele-erreichen-Wollen* und das *Sex-Machen* wegfallen. Aber auch Gegenwärtigkeit zu realisieren, Erleuchtung zu verwirklichen und andere spirituelle Erkenntnisse zu gewinnen, können wieder Ziele werden, die der Verstand *erreichen will.* Da lauert also wieder eine neue Falle, ins *Machen* zu fallen.

Es geht also nicht darum, während der körperlichen Liebe zu meditieren. Es geht nicht darum, irgendwelche Rituale oder Zeremonien auszuführen. Rituale haben nichts mit der körperlichen und energetischen Liebe zu tun und auch nichts mit Spiritualität. Rituale sind nur Spiele des Verstandes. Es gibt keine spirituellen Gedanken. Spirituelle Erkenntnis ist eine Erfahrung jenseits des Verstandes. Deshalb gibt es auch keine spirituellen

Rituale. Rituale sollen an die bereits erworbene Verwirklichung erinnern, doch sie werden oft missbraucht, um als Ersatz für echte Erkenntnis zu dienen. Menschen praktizieren Rituale und glauben dann, sie wären spirituell. Rituale, denen keine tiefen spirituellen Erkenntnisse zugrunde liegen, sind nur Ego-Spiele.

Du kannst lernen, im Jetzt zu sein, indem du das Kapitel »Die Reise zu deiner Seele« liest oder das Hörbuch herunterlädst (beides auf www.orgon.de) und anhörst und »die Reise« dabei gleichzeitig praktisch nachvollziehst. Natürlich gibt es viele Wege, die Erkenntnis des Jetzt, die Gegenwärtigkeit, das Ich Bin zu verwirklichen. Buddha und Christus haben das auf ihre Weise gelehrt. Viele Weise und Heilige aus allen Kulturen haben es vermittelt. Heute lehren das zum Beispiel Eckhart Tolle und Deepak Chopra. Was ich dir biete – die Erkenntnis über die Wahrnehmung der Lebensenergie – ist ein Weg, den ich nicht entwickelt habe, sondern den ich selbst über die jahrelange Beschäftigung mit der Orgonenergie und besonders mit dem Engel-Energie-Akkumulator bekommen habe. Probiere es selbst aus.

Der Gedanke, dass Liebe nur jetzt ist, ist ein schöner – Gedanke, nicht mehr. Im Jetzt sein ist kein Gedanke. Es ist gut zu wissen, wie es ist, *nur jetzt gegenwärtig zu sein*. Die Erfahrung der Gegenwärtigkeit ist nicht mit Worten zu vermitteln, und doch ist sie unvergleichlich echt und völlig wirklich, super-real sogar.

Wenn du in der Lage bist, in diesen Zustand des Nicht-Denkens, des Nicht-Tuns einzutreten, wirst du ihn auch in der energetischen Liebe wiederfinden. Gegenwärtigkeit ist ein sehr einfacher Zustand, und wenn du ihn immer wieder für dich aufsuchst, wird er dir in der energetischen Liebe mit einer Macht und Klarheit begegnen, die dir die spirituelle Kraft der sexuellen Liebe erst wirklich erschließen kann. Gegenwärtigkeit ist Ekstase. Das Wort bedeutet »außen stehen«: Du stehst außerhalb des Egos, außerhalb dessen, was der Verstand zu sein glaubt. Und die schönste und erfüllendste Ekstase, die jedem Menschen zur Verfügung steht und die er instinktiv sucht, ist die sexuelle Vereinigung mit dem geliebten Menschen. Ich halte es jedoch für angemessen, die Erfahrung der Gegenwärtigkeit zunächst erst einmal für sich alleine aufzusuchen. Wahrscheinlich ist die energetische Liebe zu Anfang noch viel zu sehr mit Emotionen und Sensationen, also mit Ego-Empfindungen überfrachtet, so dass es eventuell zu viel verlangt ist, die Erfahrung der Gegenwärtigkeit in der genitalen Vereinigung zu entdecken, ohne zuvor erkannt zu haben, worum es geht. Es mag von Anfang an auch in der sexuellen Vereinigung funktionieren, aber ich bin eher skeptisch. Da ich die entsprechenden Hilfen anbiete, ist es möglich, dies auch außerhalb der sexuellen Liebe zu erfahren. Und natürlich kannst du die Erfahrung von Gegenwärtigkeit nicht nur in der Sexualität nutzen, sondern sie steht dir in allen Lebenslagen zur Verfügung.

Wozu das eigentlich gut ist? In der energetischen Liebe ist es entscheidend, nichts zu wollen – Liebe strebt kein Ergebnis an. Daher ist die energetische Sexualität ideal dazu geeignet, in dieser Erfahrung von Gegenwärtigkeit zu verweilen. Es kann ein Zustand der Ekstase sein, in dem ihr trotzdem völlig wach und klar und präsent seid. Es ist die Entdeckung der spirituellen Dimension der Sexualität. Was das wirklich ist, kann man nicht beschreiben, und daher wirken hier alle Worte unbeholfen.

»Liebe deinen Nächsten als dich selbst«

Dir wird dieses Jesus-Zitat aus Lukas 10 genauso bekannt sein wie mir und den meisten Menschen in dieser Kultur. Es ist die komprimierte Formel des christlichen Gebots der Nächstenliebe. Im Laufe der Jahrhunderte wurde es zu einem Kernsatz des Christentums. Nichtsdestotrotz denke ich, dass dieser Satz eine ganz andere Bedeutung hat, als gemeinhin angenommen wird. In seiner bekannten Fassung »Liebe deinen Nächsten *wie* dich selbst« wurde dieser Satz zum Inbegriff einer moralischen Forderung. Und diese Moral – also Liebe zu fordern, was aus meiner Sicht eine Absurdität ist – kann es nur geben, wenn Menschen vollständig im Ego existieren. Die gesellschaftlich verordnete Moral ist notwendig, wenn Menschen in der Absperrung leben, in der Angst, in der Isolation eines Ichs, das ganz allein den anderen Menschen und dem Universum ausgeliefert ist. Moralisch verordnete Liebe ist die Krücke, die Menschen dann benötigen, wenn der Sinn für die natürliche Liebe verlorengegangen ist.

Gemeint ist jedoch etwas anderes. Jesus zitiert hier das dritte Buch Mose 19,18: »we'ahavta lereacha kamocha«, und Luther übersetzt korrekt: »Liebe deinen Nächsten *als* dich selbst.«

Der andere und ich, wir sind eins. Die Liebe macht uns zu einem Wesen, einer Erfahrung, einem Sein. Die Liebe ist die Abwesenheit von Ego, von Absperrung, von Angst. Die Liebe ist der natürliche Ausdruck des Lebendigen, wenn kein Schmerzkörper aktiv ist.

Die sexuelle Liebe ist in der Bibel nicht gemeint gewesen. Dazu war das alte Palästina als streng patriarchalische Gesellschaft ebenso wenig bereit wie die heutige Kultur. Aber wir sind es. Wenn ich mit meiner Partnerin vereint bin, liebe ich sie *als mich selbst*. Sie ist dann nicht mehr »die andere«; die sexuelle und seelische Vereinigung macht uns zu einem Erleben von Liebe. Und diese Liebe braucht keine moralischen Forderungen, denn sie ist direkt, unmittelbar und völlig zweifelsfrei erlebbar. Jede Moral wirkt hier als Störfaktor.

Ich liebe mich selbst in meiner Partnerin, deshalb liebe, ehre und beschütze ich ihre sexuelle Erfahrung genauso wie meine eigene. Ihr sexuelles Glück ist meines und umgekehrt gilt das genauso. Und das ist das Wesen sexueller Liebe: Ich liebe ihre Sexualität als die meine. Sie liebt meine Sexualität als ihre eigene.

Energetische Sexualität ist nur möglich, wenn dieser gegenseitige Austausch natürlich und ohne moralische Forderung entsteht und bestehen bleibt. Daher ist es auch völlig ausreichend, wenn zum Beispiel einer von uns beiden den Wunsch äußert, sich sexuell zu vereinen. Es ist keine Forderung – auch wenn es von außen so aussehen mag – sondern der natürliche Ausdruck des Bedürfnisses, die Liebe zu teilen. Und darauf einzugehen, dieses Bedürfnis voller Glück als das eigene Bedürfnis nach der liebenden Vereinigung zu verstehen, ist der natürliche Ausdruck einer Liebesbeziehung. Ich möchte und werde auch nur noch dann eine Beziehung aufrechterhalten, wenn dies für mich und meine Partnerin so ist.

Ich bin seit Jahrzehnten kein Christ mehr und habe auch allen anderen Ismen bye-bye gesagt. Insofern sind spirituelle Zitate für mich wenig bedeutsam. Einzig dieser Satz ist aus dem christlichen Fundus übriggeblieben, denn er ist für mich die Essenz dessen, wozu Menschen fähig sind: ohne Zwangsmoral leben zu können, wenn sie erwachsen werden und das Wesentliche der Liebe verwirklichen.

Schmerzkörperarbeit in der Paarbeziehung

Du hast in deinen Beziehungen die Geschichte der Menschheit, die Geschichte des Geschlechterkampfes, von Gewalt und Missbrauch als deine ganz persönliche Angst erlebt: Angst vor Nähe, Angst vor Enttäuschung, Angst vor Verlust, Angst vor Ablehnung oder Vereinnahmung, Angst vor Lust und Angst vor Angst. Die Ängste, die du seit früher Kindheit in vielen traumatischen Situationen erlebt, aber nicht verstanden und ins Unbewusste verdrängt hast, verankern sich in deiner körperlichen, emotionellen und geistigen Struktur. Sie bleiben dort als chronische Muskelkrämpfe lebendig, als emotionelles Unwohlsein und als mentale Zwangshaltungen. Diese drei Funktionen der Angst wurden von Wilhelm Reich als »Blockaden« bezeichnet. Sie blockieren den freien, lebendigen Ausdruck der Lebensenergie. Indem diese Ängste von Zeit zu Zeit wieder aktiviert werden, versorgen sich diese Blockaden weiter mit Energie, die immer wieder in dieselben Strukturen hineinfließt. Sie bleiben damit am Leben, haben eine eigene autonome Existenz. Deshalb willst du (natürlich unbewusst) immer wieder dieselben Ängste erleben, denn nur die Energie dieser Qualität kann die Blockaden ernähren. Wilhelm Reich nennt das den »Charakterpanzer«, Eckhart Tolle nennt es den »Schmerzkörper«. Und diesen Begriff benutze ich hier, weil er für meine Art der Betrachtung geeigneter ist. Er bezeichnet zwar dasselbe, führt aber heraus aus der engen Begrenzung, die ein medizinisch-psychiatrischer Begriff mit sich bringt.

Der Schmerzkörper ist die Ansammlung aller Blockaden, die sich als Schmerz der Menschheit in mir und dir verhält wie ein

Lebewesen mit einem eigenen Willen. Das ist keine Metapher, sondern die Bezeichnung für eine unbewusste Realität. Seit Hunderten von Generationen haben Menschen traumatische Situationen erlebt, die sie nicht verarbeiten konnten: Krieg, Gewalt, Seuchen, Armut, Hunger. Fast jeder einzelne Mensch in der Geschichte der Menschheit, der diese Traumata in seiner eigenen Realität erlebt hat, hat diese meist unvollständig verarbeitet und in seine Persönlichkeitsstruktur übernommen.

Ein Beispiel: Erst in den letzten Jahrzehnten wurde das posttraumatische Syndrom bei Soldaten als Krankheitsbild erkannt und ernst genommen. Im Vietnamkrieg starben etwa 58.000 amerikanische Soldaten. Über 1,5 Millionen litten an posttraumatischen Störungen und 100.000 Vietnamveteranen, also fast doppelt so viele, wie im Krieg selbst gefallen sind, haben sich nach ihrer Rückkehr umgebracht. Natürlich gab es auch in allen anderen Kriegen der Menschheitsgeschichte posttraumatische Störungen und jeder einzelne traumatisierte Soldat, jeder gequälte Zivilist, jede vergewaltigte Frau hat diese schweren seelischen Störungen mit sich selbst ausmachen müssen und diese Erfahrungen als Schmerzkörper an die nächste Generation weitergegeben.

Die traumatischen seelischen Verletzungen werden nicht verarbeitet, sie werden verinnerlicht und existieren weiter. Und sie werden als soziales und emotionelles Verhalten an Kinder, Enkel, an Ehepartner und an Untergebene weitergegeben. Wer aus unserer Generation kennt nicht die Feldwebel-Mentalität mancher Lehrer, die Grausamkeit von Nonnen und Priestern, die sich als Erzieher mit dem Rohrstock Geltung verschafften, an schlagende und strafende Eltern, an grausame und erniedrigende Erziehungsmethoden – und an die Kinder, die die an ihnen verübten Grausamkeiten an kleinere Kinder weitergaben.

Der unverarbeitete Schmerz wird von Generation zu Generation über das Sozialverhalten weitergegeben. So tragen alle

Menschen die Schmerzen früherer Generationen in sich: als unverständliche Ängste, als Gefühlsstörungen, als irrationales Verhalten, als Ideologien und auch als somatische Krankheiten, zum Beispiel Krebs und Herz-Kreislauferkrankungen. Das ist nicht esoterisch zu verstehen, sondern ganz konkret. Es ist das, was Wilhelm Reich »die neurotische Charakterstruktur« nannte, eine Epidemie, die seit Jahrtausenden das Leben der Menschheit verwüstet und immer wieder erneut zu Gewalt, Krieg, Hunger und Unterdrückung führt. Ein Teufelskreis, der bisher ungebrochen ist. Es ist der unverarbeitete Schmerz der Menschheit, den jeder einzelne Mensch ganz alleine als sein persönliches Schicksal erlebt: der Schmerzkörper.

Der Schmerzkörper ist wie eine eigene Persönlichkeit, die im Menschen lebt. Das ist nichts Mystisches, es ist eine Persönlichkeitsstruktur. Der Schmerzkörper erwacht von Zeit zu Zeit und bringt die Menschen dazu, zu glauben, *dass ich der Schmerzkörper bin*. Er braucht die Erfahrung von Schmerz, um sich von der Qualität von Angst zu ernähren, die ihn ursprünglich erschaffen hatte. Er tut dies vor allem, indem er andere Menschen anstachelt und manipuliert, ebenfalls Schmerz zu empfinden, bis diese endlich auch im Gegenzug ihm selbst neuen Schmerz zufügen. Dann tauschen die Menschen untereinander Schmerz aus – als Beleidigungen, als Vorwürfe, als Beschimpfungen, als stille Verachtung, aber auch als Mobbing oder als sexuelle Erniedrigungen, als alle möglichen Formen von Gewalt. Der Schmerzkörper frisst sich daran satt, um sich danach wieder in das latente Stadium zurückzuziehen.

Enge emotionelle Beziehungen und besonders sexuelle Beziehungen sind der eigentliche Haupt-Spielplatz des Schmerzkörpers. Weil Frauen und Männer die Sexualität oft so unterschiedlich erfahren und weil es normalerweise so wenig vernünftige Kommunikation über die sexuellen Erfahrungen, Wünsche und

Schwierigkeiten gibt, kommt es sehr oft über das Thema Sex zu einem Ausbruch des Schmerzkörpers – entweder schon während des Sex oder in den Stunden danach.

Besonders die männliche Erregung wird durch Angst, Stress oder Gewalt nicht wirklich behindert, sondern geradezu angefacht. Deshalb spielt in dieser auf Erregung und deren Entladung zentrierten Sexualität der Schmerzkörper des Mannes eine so wichtige Rolle. Schmerz und Sex haben unmittelbar miteinander zu tun, bedingen sich gegenseitig über die Funktion der emotionellen Erregung.

Das ist bei manchen Formen von Sex – zum Beispiel Sado- und Maso-Sex – unmittelbar sichtbar. Aber auch bei allen anderen sexuellen Spielformen, etwa bei Fetischen und bei Rollenspielen wie Domina-Sex, aber auch beim ganz alltäglichen »Blümchensex« geht es eigentlich nur darum, irgendwie auf eine hohe Erregung zu gelangen, damit diese dann entladen werden kann. Und viele, die sich darauf einlassen, erleben, dass die Intensität des (emotionellen oder körperlichen) Schmerz-Impulses – zum Beispiel durch extreme Anspannung der Muskulatur – immer weiter gesteigert werden muss, damit genug Erregung dabei herauskommt.

Aber du brauchst gar nicht auf die sexuellen Extreme zu sehen, denn das verführt dich dazu, zu verharmlosen, was du selbst tust. Die ganz normale Sexualität, bei der der Penis in der Vagina rhythmisch stoßend bewegt wird, um die Erregung zu steigern, basiert auf demselben Mechanismus: Die Körperempfindung wird auf einen mechanischen Reiz konzentriert, und Spannung wird im gesamten Körper aufgebaut, aber besonders im Becken. Da viele muskuläre Krämpfe im Organismus das Fließen der Energie verhindern, soll die Ladung nur im Becken konzentriert werden, was sich meist durch immer heftiger werdende Stoßbewegungen ausdrückt. Die Lustempfindung wird mit der Verstärkung der

Krämpfe im gesamten Körper gesteigert, das heißt durch Anhalten des Atems, durch gezieltes und unwillkürliches Verkrampfen der Muskulatur des gesamten Körpers. So wird immer mehr Ladung in das Becken gepumpt. Je mehr Krämpfe ein Mensch hat, desto mehr Energie muss er aufwenden, um eine Ladung aufzubauen, die er benötigt, um die Schwelle zum Orgasmus zu überschreiten. Sieh dir mal einen Pornofilm an und sieh den Männern dabei in die Gesichter, die hart, ja oft grausam sind und bei denen man hinter der künstlichen, angestrengt dargestellten Lust den Schrecken sieht. Wenn er dann kurz vor dem Ejakulieren steht, ist sein Gesicht zur Maske erstarrt, alle Muskeln sind angespannt – es geht nur um die Entladung des Penis. So groß ist der Unterschied nicht zu dem, was viele Männer mit ihren Partnerinnen beim ganz normalen Sex erleben.

Bei dieser Art von Sex werden – durch Pressatmung und Muskelanspannung – die Krämpfe der unwillkürlichen Muskulatur aktiviert. Sie *sind* der Schmerzkörper. (Sie sind der körperliche Aspekt der Neurose.) Durch den Orgasmus will der Körper eigentlich all die überflüssige gestaute Energie loswerden. Aber das funktioniert nur teilweise, weil ein großer Teil der unwillkürlichen Muskeln sich nicht entspannen kann. Denn sie sind durch die Krämpfe bereits chronisch verhärtet. So reduziert sich bei fast allen Menschen die orgastische Entladung nur auf das Becken: Das Becken und die Beine zucken, während in den anderen Körperregionen die Spannung weitgehend erhalten bleibt. Dass Menschen beim Orgasmus zucken, liegt ausschließlich daran, dass diese Krämpfe beteiligt sind. Ein vollständiger Orgasmus würde als eine weiche Welle über den gesamten Körper hinweg laufen. Die gesamte Muskulatur zieht sich rhythmisch in einer sanften Welle zusammen und entspannt sich wieder.

Die Erfahrung, die aus dem unvollständigen Orgasmus folgt, kennen Menschen als postkoitale Depression. Die aktivierten, nun mit neuer Energie verstärkten Krämpfe setzen nach dem reduzierten Orgasmus in den folgenden Stunden oder Tagen ihre Inhalte frei, weil sich die Energie nicht entladen konnte: Du erlebst den emotionellen und mentalen Inhalt des Schmerzkörpers. Dabei geht es nicht nur um Depressionen, sondern um alle Spielarten des Schmerzes: über Trauer, Versagensängste und emotionelle Kälte bis hin zu Aggression, Dumpfheit und Lebensüberdruss. Die harmloseste Form ist die Frage »Wie war ich?« oder »Hattest du auch deinen Spaß?« Das heißt konkret: Er hat es wirklich nicht mitbekommen, weil er nicht mit ihr zusammen war. Es ist der Ausdruck von Kontaktlosigkeit.

Natürlich erlebt das alles nicht nur der Mann, sondern auch die Frau. Aber während die meisten Männer in der auf Schmerz aufbauenden Erregung noch Lust erleben können, die sich bis zum (genital impotenten) Orgasmus steigert, können die meisten Frauen sich weitaus weniger auf diesen Schmerz-/Lust-Mechanismus einlassen, und sie geben irgendwann auf, meistens viel früher als der Mann. Natürlich gilt das nicht für jeden Mann und jede Frau. Es ist eine generalisierte Beobachtung, es kann also auch umgekehrt geschehen.

Wie du mit dem Schmerzkörper umgehen und einen vernünftigen Umgang mit ihm erlernen kannst, werde ich nun ausführlich darlegen. Es handelt sich, wie gesagt, nicht um ein therapeutisches Konzept und um keine spirituelle Praxis. Es ist eine Art, erwachsen zu werden, das heißt bewusst und verantwortlich mit dem eigenen Leben umzugehen.

Ich behaupte nicht, dass dieser Weg einfach ist. Der Schmerzkörper reagiert eventuell besonders heftig, wenn du versuchst, deine Sexualität von Sex-Machen auf energetische Liebe umzustellen. Dann greifst du seine Lebensgrundlage an, und das lässt er sich nicht gefallen. Deshalb möchte ich nicht nur vermitteln, wie du und dein Partner eure Sexualität umstellen könnt – das wurde auf wenigen Seiten erklärt. Genauso wichtig ist es, zu lernen, mit dem Schmerzkörper umzugehen. Ich denke, ohne ein Bewusstsein davon kann dieser Prozess eigentlich nur zum Scheitern verurteilt sein. Denn es ist naiv, anzunehmen, eine solch radikale Veränderung im sexuellen Erleben könnte ohne die heftige Gegenwehr des Schmerzkörpers geschehen.

Die Schmerzkörper-Liebesbeziehung

Intime Beziehungen sind die Brutstätte des Schmerzkörpers, und alle Menschen wissen das. Dennoch glaubst du (wie jeder andere), dass deine neue Liebesbeziehung die eine rühmliche Ausnahme ist. Du magst nicht glauben, dass auch diese frische junge Liebe über kurz oder lang wieder durch das Feuer des Schmerzes gehen wird.

Schmerzkörper-Beziehungen hattest du wahrscheinlich mit deinen Eltern, deinen Geschwistern oder mit dem letzten Partner, von dem du dich getrennt hast – oder auch mit Kollegen oder Mitschülern, die dich gemobbt haben, mit dem Chef, der dich begrabscht und dich – als du dich gewehrt hast – entlassen hat, oder mit der reichen Erbtante, die immer so fies war und trotzdem zu allen Familienfesten eingeladen wurde.

Zwei Menschen, die sich ineinander verlieben, gehen grundsätzlich zwei Beziehungen miteinander ein: diejenige, die sie bewusst wollen, in der sie sich gegenseitig Liebe, Nähe, Sexualität, Sicherheit und all das geben, von dem sie glauben, dass es sie glücklich macht. Und dann ist da die Beziehung, die ihre Schmerzkörper eingehen, damit sie sich gegenseitig Schmerzen geben können: die Schmerzkörper-Liebesbeziehung. Sie wissen, wo sie beim Partner die Auslöser finden, das zu bekommen, was sie vom anderen wollen: Demütigungen, Schuldzuweisungen, Vorwürfe, Beleidigungen, Erniedrigungen, Vernachlässigung bis hin zu Schlägen,

Missbrauch und Vergewaltigung. Und: Die Schmerzkörper-Liebesbeziehungen sind langfristig fast immer erfolgreicher als die bewussten Liebesbeziehungen.

Wenn du dir die Beziehungen deiner Freundinnen und Freunde ansiehst (oder wenn du deine eigenen vergangenen Beziehungen wirklich ehrlich ansehen kannst), wirst du wahrscheinlich feststellen, dass sich Menschen mit großer Treffsicherheit immer wieder in bestimmte Typen verlieben und neue Beziehungen eingehen, in denen dasselbe Drama abläuft, das in der vorigen Beziehung schon zur Trennung geführt hat. Der Verdacht liegt nahe, dass es auch die latenten Schmerzkörper sind, die das Gefühl der Verliebtheit auslösen; dieses Kribbeln im Bauch, dieses: »Ich weiß nicht warum, aber ich fühle mich mit aller Macht zu ihr/ihm hingezogen.«

Wenn du dich verliebst, glaubst du, dass du nun den Menschen gefunden hast, der dich glücklich machen wird – und damit hat der Schmerzkörper auch recht: Er wird sich eine große Portion Unglück holen. Dass es so ist, ist dir wie jedem anderen Menschen, der sich verliebt, nicht bewusst; und wenn ich dir das in der Situation sage, in der du gerade beschließt, frisch verliebt mit deinem neuen Partner zusammenzuwohnen, wirst du mir wahrscheinlich nicht glauben.

Dabei meine ich gar nicht, dass es darum gehen könnte, Schmerzkörper-Liebesbeziehungen zu vermeiden, denn es würde bedeuten, asketisch leben zu wollen. Letztlich haben Mönche und Nonnen das in allen Kulturen vergeblich versucht. Ihre Schmerzkörper finden andere Formen von Beziehungen etwa im emotionellen und körperlichen Missbrauch, dem Kinder und Jugendliche in kirchlichen Erziehungseinrichtungen ausgesetzt waren und sind.

Die einzige Chance besteht darin, die Beziehung, in der du lebst, dazu zu nutzen, dass sich beide Partner der bisher unbewussten

Funktionen des Schmerzkörpers bewusst werden. Nutze das, was tatsächlich da ist, deine jetzige Lebenssituation, indem du den Schmerz dann ansiehst, wenn er auftritt – bei dir und bei deinem Partner. Dieses Kapitel soll ein paar Anregungen geben, wie ihr damit umgehen könnt.

Einigt euch jetzt (in einer schmerzlosen Situation) darauf, dass es darum geht, den Schmerzkörper bewusstzumachen

Wenn ihr dieses Buch lest, schafft ihr eine Grundlage, euch auf ein Ziel zu einigen. Wenn es euch überhaupt möglich ist, ein gemeinsames Verständnis davon aufzubauen, was der Schmerzkörper ist und wie wichtig es ist, ihn zu sehen, bewusstzumachen und euch damit langfristig von ihm zu erlösen – dann ist jetzt dazu der geeignete Zeitpunkt. Nutzt die Kraft eurer Liebesbeziehung dazu, euch gegenseitig in diesem Prozess zu helfen. Und der erste Schritt ist der, jetzt – solange eure Schmerzkörper nicht aktiv sind – zu lernen, was der Schmerzkörper ist, wie man mit ihm umgeht, und euch gegenseitig eurer Hilfe zu vergewissern. Das wird später in der akuten Situation – wenn ein Schmerzkörper aktiv geworden ist – wohl kaum möglich sein.

Den Schmerzkörperanfall identifizieren und benennen

Eine wesentliche Eigenschaft jedes Schmerzkörpers ist seine Unbewusstheit. Er tut alles, um sich zu verbergen. Daher ist es immer der erste und wichtigste Schritt, zuzugeben, dass ein Schmerzkörper aktiv ist. Charakterstrukturen sind völlig individuell, und somit reagiert jeder Mensch unterschiedlich. Doch es gibt gemeinsame Grundmuster. Der Schmerzkörper versucht, *du* zu sein, daher schämst du dich, oder du bist wütend oder du versuchst so zu tun, als ob alles in Ordnung wäre oder du beschuldigst jemanden oder etwas, dein Leid verursacht zu haben. Es gibt viele unterschiedliche Strategien. Aber alle haben ein gemeinsames Element: Der Schmerzkörper versucht, alles so hinzudrehen, dass er unbewusst bleibt, und der Inhalt des Schmerzes wird als objektive Tatsache dargestellt. Er mag es gar nicht, ins Licht gezerrt zu werden, denn das ist möglicherweise sein Ende.

Es ist immer viel einfacher, den Schmerzkörper bei einem anderen Menschen zu identifizieren als bei sich selbst. Der Gesichtsausdruck verändert sich, die Stimme, die Körperhaltung, selbst der Geruch – und natürlich alle Ebenen der Kommunikation. Deshalb ist eine Paarbeziehung nicht nur die ideale Brutstätte des Schmerzkörpers, sondern auch der wichtigste Ansatzpunkt, ihn zu entlarven und langfristig zu erlösen.

Einigt euch darauf, euch gegenseitig auf einen Schmerzkörperanfall aufmerksam zu machen, am besten durch eine Frage, zum Beispiel: »Kann es sein, dass bei dir jetzt gerade ein Schmerzkörper aktiv wird?« Was dann geschieht, wie ihr damit umgeht, zeigt euch die Qualität eurer Beziehung. Dieses Aufdecken des Schmerzkörpers sollte ein bewusster, erwachsener und wahrscheinlich einseitiger Akt der Liebe sein, denn derjenige, dessen Schmerzkörperanfall vom Partner gesehen wird, ist oft nicht in der Lage, die Liebe darin zu sehen, sondern wird versuchen, das Offensichtliche abzustreiten oder sogar den Partner so zu reizen, dass auch er/sie im Gegenzug einen Schmerzkörperanfall produziert.

Jeder akute Schmerzkörperanfall bedeutet eine Herausforderung und kann dazu führen, dass die Beziehung an ihre Grenze kommt und ihr euch trennen wollt, denn der Schmerzkörper wird jedes Mal versuchen, sich stark zu machen, die Identität von einem von euch beiden zu übernehmen und den Schmerzkörper des anderen zu wecken. Er will euch in einen Machtkampf hineintreiben. Andererseits macht euch jeder gemeinsam überwundene

Schmerzkörperanfall bewusster, führt euch stärker zusammen, schafft eine tiefe positive Bindung im Wissen, dass ihr ein unschlagbares Team seid. Ihr seid Krieger der Liebe! Die Schmerzkörper sind schlau, wenn es darum geht, sich zu verbergen, aber sie sind meist eigenartig dumm und dreist, wenn sie erst einmal entdeckt worden sind.

Den Inhalt des Schmerzkörpers als unwichtig erkennen

Das ist der zweite wichtige Schritt, sobald du akzeptiert hast, dass ein Schmerzkörper aktiv geworden ist. Fast jeder Schmerzkörper behauptet, dass ihm (also *dir*) wirklich etwas angetan wurde. Sobald du das Gefühl hast, dass *dir* etwas getan wurde, dass *dir* ganz objektiv etwas geschehen ist, hat der Schmerzkörper es geschafft, deine Identität zu übernehmen. Zu Anfang wirst du den Unterschied gar nicht kennen, denn ohne Bewusstsein über diese Funktion läuft dieser Mechanismus sofort und wie automatisch ab. Wenn du seelischen Schmerz erleidest, findest du immer einen scheinbar objektiven äußeren Grund dafür. »*Die anderen* erliegen einem tragischen Irrtum. *Ich* habe wirklich einen Grund zu leiden!«

Deshalb ist es sehr wichtig, den Inhalt des Schmerzkörpers, die Geschichte, über die er sich aktiviert hat, abzutrennen und nicht mehr zu beachten. Das dürfte dir zu Anfang wie eine Ungeheuerlichkeit erscheinen, denn der Schmerzkörper wird sofort argumentieren, wie wichtig es ist, dass du dich gerade und unbedingt jetzt darum kümmern musst, also darauf reagieren, darauf antworten, deine Gefühle ausdrücken und so weiter. Er wird dich ermahnen, du dürftest deine Gefühle nicht verleugnen, du müsstest deine Ehre verteidigen und so weiter.

Akzeptiere, dass der Schmerzkörper ein eigener Bewusstseinszustand ist, der unbewusst bleiben will und deshalb beliebige

Inhalte als Vorwand benennt. Die Inhalte sind austauschbar. Natürlich glaubt das der aktive Schmerzkörper nicht, und er wird sich vielleicht angegriffen fühlen und behaupten, dass man *dich* nicht ernst nimmt. Schließlich geht es doch um *deine* Gefühle und Emotionen. Schließlich hat man *dir* etwas getan, bist *du* das Opfer.

Wenn dein Partner dich darauf hinweist, dass die Inhalte des Schmerzkörpers unwichtig sind, wird sich der Schmerzkörper (wirst *du* dich) auch gegen deinen Partner wenden und ihm Vorwürfe machen, dass er *dich* nicht ernst nimmt, und du wirst versuchen, seinen Schmerzkörper zu aktivieren. Es ist immer derselbe Kreislauf.

Höre auf, sozial zu agieren

Sobald du akzeptiert hast, dass ein Schmerzkörper aktiv ist und du dich nicht mehr um die gerade aktuelle Geschichte kümmerst, solltest du alle sozialen Interaktionen einstellen, also nicht mehr handeln, soweit das überhaupt möglich ist. Ein Schmerzkörperanfall ist keine Krankheit, sondern ein Bewusstseinszustand, aber du kannst dich so verhalten, als hättest du eine ansteckende Krankheit. Mit einer ansteckenden Grippe würdest du dich ins Bett legen und dich so weit wie irgend möglich von anderen fernhalten, die du anstecken könntest, vor allem von Kindern, Jugendlichen und geschwächten Menschen. Du würdest dich pflegen, deine Immunabwehr stärken und alles, was anstrengend ist, vermeiden und auf später verschieben. Genau so kannst du dich während einer Schmerzkörperattacke verhalten. Halte in dieser Zeit den Kontakt nur zu den Menschen, denen gegenüber du aufrichtig zugeben kannst, dass ein Schmerzkörper aktiv ist, und die wissen, wie man mit dir in einer Schmerzkörper-Situation umgeht.

In einer Partnerschaft kann dein Partner nun alle deine Aktivitäten übernehmen, wie etwa Telefonanrufe annehmen, Termine absagen und so weiter, genau so, wie ihr es machen würdet, wenn du eine Grippe hättest.

Erlaube dem Schmerzkörper zu sein

Sei dir der Tatsache bewusst, dass es in der akuten Situation nicht darum geht, den Schmerzkörper loszuwerden, ihn zu besiegen oder dergleichen. Das ist bestimmt nicht einfach, denn wenn dir die Tatsache bewusst wird, dass ein Schmerzkörperanfall geschieht, wirst du ihn loswerden wollen wie eine Zecke. Aber so einfach funktioniert das nicht.

Jede Aktivität, die du in Bezug auf die Inhalte des Schmerzes unternimmst, macht den Schmerzkörper stärker. Dabei ist es egal, ob du dich mit ihm identifizierst und ihn lebst oder ob du ihn bekämpfst. Auch mit dem Widerstand gegen den Schmerzkörper schaffst du eine Story, einen Inhalt. Du leidest dann, weil du leidest, ein weiterer Teufelskreis.

Du bist das große Mitgefühl, das *Ich Bin*, das auch dem Schmerzkörper erlaubt zu sein. Deshalb belasse ihn als das, was *jetzt ist*. Du brauchst dich nicht darüber zu freuen. Es ist alles andere als angenehm, einen solchen Bewusstseinszustand als Wirklichkeit anzunehmen. Aber die Alternative ist, dass du den Inhalt des Schmerzes für wirklich hältst. Dann machst du die Gesellschaft oder das Böse oder die Sünde oder auch deinen Partner oder deine Eltern für all das verantwortlich, wofür du nicht die Verantwortung übernehmen willst: deinen Schmerz, den du nicht ertragen magst. Deshalb erschaffst du »objektive Instanzen«, die als negative Realitäten zu existieren scheinen. So projizierst du all den Schmerz, den du in deiner inneren Welt nicht akzeptieren kannst, nach außen.

Nimm deinen Schmerz an, einfach indem du dem Schmerzkörper erlaubst zu sein. Du nimmst damit nicht die Ungerechtigkeiten an, den Hunger auf der Welt, Kriege und Umweltkatastrophen. All das sind Inhalte. Du nimmst den Schmerzkörper an, so wie er dir in deinem Leben jetzt erscheint. Richte deinen Blick auf ihn. Sieh nicht weg und gib der Geschichte, über die er sich stark machen will, keinen Raum.

Beachte nur noch deine körperlichen Empfindungen

Sobald du den Schmerzkörper von seiner Geschichte getrennt oder zumindest entschieden hast, dich jetzt nicht darum zu kümmern, und alle Aktivitäten eingestellt hast, außer zu akzeptieren, was jetzt ist, bleibt dir nur noch, dich mit der körperlichen Empfindung zu beschäftigen, so wie sie jetzt ist. Versuche jetzt auch nicht, dich abzulenken mit Fernsehen, Computerspielen, Telefonaten, Smalltalk, Alkohol- oder Medikamentenkonsum oder was du sonst noch alles an Ablenkungsmanövern entwickelt hast. Gehe in deinen inneren Körper, fühle dich von innen, auch wenn das jetzt recht unangenehm sein mag. Wenn du meinst, dass du »nichts fühlen kannst« – auch gut –, dann fühle dieses *Nichts*, bestätige, dass du nichts fühlst und belasse es so, wie es ist. Höre das Suseln (wenn du gelernt hast, die innere Energie wahrzunehmen, siehe »Die Reise zu deiner Seele« auf www.orgon.de), geh immer wieder in den inneren Körper, töne »Ahhhh«, schreie, wimmere, schimpfe (schimpfe vor dich hin, schimpfe nicht andere an, das wäre ein Versuch, deren Schmerzkörper zu aktivieren).

Sieh auf diese Weise den Schmerzkörper an, ohne die Geschichte zu beachten, über die er sich aufgebaut hat, sondern indem du einfach alle körperlichen Empfindungen wahrnimmst, dir der

Wahrnehmung bewusst bist und sie so belässt, wie sie ist. Wenn die Empfindungen zu heftig werden, wirst zu vielleicht einschlafen. Es kann sein, dass du dann den Rest im Schlaf bewältigst; es muss aber nicht so sein. Wie lange du dir diese unangenehmen Empfindungen ansehen musst, kann sehr unterschiedlich sein. Vielleicht sind es anfangs sogar mehrere Tage, wahrscheinlich aber eher einige Stunden. Später werden die Schmerzzustände kürzer werden. Das Wesentliche daran ist, dass du den emotionellen Schmerz und die psychischen Erlebnisse sowie die geistigen Rationalisierungen als körperliche Zustände erleben kannst. Du erlebst, dass derselbe Schmerz auf allen diesen Ebenen erfahren wird – völlig unabhängig von allen Inhalten. Dies nur intellektuell zu wissen, hilft in keiner Weise. Um die Wirklichkeit des Schmerzkörpers als *das, was jetzt ist*, zu verstehen, ist es wichtig, dass er tatsächlich empfunden wird – und zwar so lange, wie er aktiv existiert. Du erlebst jetzt, was Wilhelm Reich mit »funktioneller Identität« der verschiedenen Erscheinungsformen von Neurose gemeint hat. Die körperlichen, die emotionellen und die geistigen Erfahrungen sind identisch. Es ist dir möglich, das jetzt zu erleben – tue es!

Da du vorher nie wissen kannst, wie heftig und existentiell bedrohlich der akute Schmerzkörperanfall sein wird, gehst du jedes Mal durch die Hölle, und du kannst vorher nicht wissen, ob und wann du sie wieder verlassen wirst. Eigenartigerweise funktioniert hier der Mechanismus des Egos nicht, die Erfahrungen der Vergangenheit auf die Zukunft zu projizieren. Du fühlst dich schrecklich allein und musst den Ausgang aus dieser Hölle selbst finden. Indem du diese Erfahrung immer wieder machst, kannst du allein aus der Tatsache, dass du den Weg schon oft gegangen bist, die Zuversicht nehmen, dass du es auch diesmal wieder schaffen wirst.

Das unterstützende Verhalten des Partners

In einer Partnerschaft könnt ihr die Maßnahmen entwickeln und ausprobieren, die euch in dieser Situation gegenseitig Schutz und Hilfe geben. Das Wichtigste ist, euch gegenseitig dabei zu helfen, den Schmerzkörper zuzulassen und in der konkreten Situation nicht der starken Tendenz zu folgen, wieder wegzusehen. Der Schmerzkörper lebt in der Ignoranz, er braucht das Wegsehen. Das Wegsehen ist dasselbe, was Reich »das Sitzenbleiben« genannt hat: die Abwehr gegen das, was jetzt ist. Es ist jetzt sehr wichtig, dass ihr euch darüber bewusst seid, dass es nicht darum geht, den Schmerzkörper loszuwerden, auch wenn die Erfahrung, darunter zu leiden, jetzt besonders mächtig wird. Es geht nur darum, das, was jetzt ist, anzunehmen, es zu belassen, das heißt, weder zu bekämpfen noch zu unterstützen – einfach so sein zu lassen, wie es ist.

Es kann dem Partner guttun, ihn einfach über lange Zeit in den Arm zu nehmen und wie ein Baby zu schaukeln, ihm den Bauch oder den Po zu streicheln, ihm Nähe und körperliche Zuwendung zu geben, ohne irgendeine Reaktion darauf zu erwarten, besonders, ohne irgendwelche sexuelle Erwartungen und Handlungen. Es kann auch guttun, mit ihm zusammen ein ausgiebiges warmes Bad zu nehmen und ihm dabei einfach Nähe zu bieten. Eine Massage etwa mit warmem Öl kann jetzt ebenfalls sehr angenehm sein.

All dies soll nicht dazu dienen, den Schmerzkörper zu beruhigen, sondern dem Partner zu zeigen: »Hey, ich bin da für dich. Ich akzeptiere dich so, wie du bist. Du darfst im Schmerz sein, ich lehne dich nicht dafür ab.« Erwartet jedoch nicht, dass dadurch der Schmerz geringer wird. Der Schmerzkörper lässt sich nicht durch Liebe und Nähe beruhigen. Was er jetzt will, ist Schmerz, Kampf, negative Gefühle.

Der Mensch im Schmerzkörperanfall wird sich auch unter Umständen sehr heftig gegen Nähe wehren und sich völlig isolieren und in sich selbst zurückziehen. Wie ihr damit umgehen wollt, könnt ihr miteinander klären, aber ganz wichtig ist: Diese Klärung kann erst geschehen, wenn der Schmerzkörperanfall vorüber ist, nicht jetzt. Das oberste Prinzip: *keine Gespräche über die Inhalte des Schmerzkörpers während des Anfalls.* Auch allgemeine Gespräche über Schmerzkörper während des Schmerzkörperanfalls sind nicht ratsam. Die wahrscheinliche Haltung des Schmerzkörpers zu den Erkenntnissen über die Schmerzkörperarbeit ist: »Das mit dem Schmerzkörper ist alles Blödsinn.«

Wenn aggressive Schmerzkörper erwachen, auch solche, die sich über Schuldzuweisungen, Vorwürfe und das vermeintliche Sich-zur-Wehr-Setzen gegen irgendetwas aktivieren, und wenn diese benannt und somit ins Licht gezerrt werden, dann schlagen sie oft in Trotz oder in Resignation um, mit der Folge, dass der Betroffene sich zurückzieht. Dieses Rückzugsverhalten hat oft eine aggressive oder autoaggressive Komponente. Besprecht dies, wenn der Anfall vorüber ist, und klärt, ob ihr den Wunsch des Partners, sich in der Schmerzkörpersituation zu isolieren, akzeptieren oder euch darüber hinwegsetzen wollt. Die Handlungen während der Attacke finden immer zwischen zwei Polen statt: gewähren lassen und aktiv eingreifen. Die Frage ist also, wie weit soll ich auf meinen Partner eingehen, der mich abwehrt oder versucht, mich in infantiler Weise zu vereinnahmen? Wie weit soll ich gegen seinen Willen handeln? Lasse ich mich fortschicken? Lasse ich mich beschimpfen oder sogar körperlich angreifen?

Besprecht die Schmerzkörperattacke, wenn sie vorüber ist

Alle diese Fragen lassen sich nicht pauschal beantworten, sondern sie müssen Gegenstand der gemeinsamen Betrachtung der Sachlage sein. Deshalb sind analysierende Gespräche so wichtig, sobald die Attacke vorüber ist. Besprecht dann die Situation, der ihr gerecht werden müsst, und nicht die Gefühle, die sich immer auf den Inhalt des Schmerzes richten. Dies zu trennen, mag anfangs nicht einfach sein, vor allem dann, wenn sich die Inhalte der Schmerzkörperattacken direkt aus Themen der Beziehung ergeben. Es geht nur darum, den Schmerzkörper bewusstzumachen, nicht um die Inhalte.

Letztlich werdet ihr beide füreinander zu Therapeuten. Eine Liebesbeziehung ist auch darauf gegründet, sich gegenseitig Hilfe und Unterstützung in schwierigen Situationen zu geben. Ihr werdet die normale Situation schon oft erlebt haben und bei anderen Paaren beobachten können: Die Schmerzkörper werden aktiv, man macht sich gegenseitig Vorwürfe, tauscht Verletzungen und Schmerz aus, man rechtfertigt und beschuldigt sich gegenseitig und argumentiert gegeneinander. Dann ist irgendwann der Schmerzkörperanfall vorüber und »man verträgt sich wieder«. Dieses »sich vertragen« beruht meist darauf, das, was vorgefallen ist, bewusst zu ignorieren, zu vergessen, weil das Aufrühren der Inhalte wahrscheinlich den Konflikt, also den Schmerzkörper, wieder aktiviert. Schlimmstenfalls wird einer der beiden Partner für schuldig erklärt oder verantwortlich gemacht, und der andere wird zum Opfer stilisiert. Und das *ist* dann auch tatsächlich so. Es gibt immer Opfer und Täter, solange ihr keinerlei Bewusstsein darüber habt, dass der Schmerzkörper und der Inhalt, über den er aktiv wird, zwei völlig unterschiedliche Dinge sind.

Es geht also nicht darum, darüber zu reden, was der Inhalt des Schmerzkörpers gewesen ist, sondern einfach zu erkennen, dass ein Schmerzkörper existiert hat und wie es euch gelungen ist, ihm seine Unbewusstheit zu nehmen. Erst ganz zum Schluss, wenn die Einheit zwischen euch wieder hergestellt ist (am besten, nachdem ihr euch wieder in Liebe sexuell vereinigt habt), könnt ihr euch natürlich auch mit den Inhalten beschäftigen, falls sie dann immer noch irgendeine Relevanz haben sollten – aber am besten in einer örtlich und zeitlich anderen Situation. Stellt also nach einer Schmerzkörperattacke zuerst fest, dass und wie die Situation abgelaufen ist. Besprecht, ob die Unterstützung funktioniert hat oder ob sich der Partner beim nächsten Mal eventuell anders verhalten könnte. Macht Vorschläge und denkt darüber nach, jedoch immer unter dem Aspekt, den Schmerzkörper bewusstzumachen, und nie an seinen Inhalten orientiert.

Und fühle dich bitte, bitte nicht schuldig, weil du einen Schmerzkörperanfall hast oder hattest. *Es ist nicht deine Schuld. Du kannst nichts dafür!* Es ist immer der Schmerz der Menschheit, den du fühlst, der Schmerz deiner Eltern, deiner Geschwister, deiner Ahnen, der Schmerz deiner Lehrer, die versucht haben, dich mit abfälligen Bemerkungen kleinzumachen, den Schmerz deiner Klassenkameraden, die dich ausgelacht, gemobbt oder verprügelt haben und denen zuvor dasselbe angetan wurde.

Du hast als Kind gelernt, den Schmerz einzustecken, ihn zu ignorieren: »Ein Indianer kennt keinen Schmerz!«

Jetzt lebst du in einer Beziehung, in der dein Schmerz nicht mehr ignoriert wird. Erst jetzt wirst du – möglicherweise zum ersten Mal – erleben und verstehen, was es bedeutet, einen neuen Schmerz nicht zu einer weiteren Schicht deiner emotionellen und körperlichen Panzerung machen zu müssen. Bisher hast du jeden Streit, jede Beleidigung, jeden ungelösten Konflikt als deine Schuld mit in deine Struktur übernommen. Und mit jedem ungelösten Konflikt wurde deine Liebesfähigkeit kleiner, ist die energetische Durchlässigkeit deines Körpers immer weiter geschrumpft.

Jetzt hast du einen Partner, der sich wirklich für dich und deinen Schmerz interessiert, ein seltenes Geschenk des Lebens. Kannst du es würdigen?

Schmerzkörperarbeit: wesentlicher Aspekt der energetischen Liebe

Im Vorfeld dürfte niemandem wirklich klar sein, was die Schmerzkörperarbeit mit energetischer Liebe und Sexualität zu tun hat. Ich habe immer wieder betont, dass eine willentliche Befreiung aus dem Leid durch die Anwendung irgendeiner Methode nicht möglich ist, wenn ein Mensch charakterlich nicht von vornherein freiheitsfähig ist. Wozu soll das alles also gut sein, wenn es möglicherweise doch nicht funktioniert?

Ich weiß das genauso wenig wie du. Ich kann nicht guten Gewissens behaupten: »Tu das, was ich hier beschreibe und alles wird gut«, weil es vielleicht nicht stimmt. Wenn du nicht freiheitsfähig bist, wird dich das, was ich hier vorschlage, auch nicht befreien. Aber wenn du freiheitsfähig bist, wird es dich deiner Wahrheit ein großes Stück näherbringen und dich von weiteren Irrwegen abhalten. Ich kann nur sagen, dass ich es erlebt habe und dass du es wahrscheinlich auch kannst, wenn du das Buch bis hierhin gelesen hast. Freiheitsfähigkeit ist ein wesentlicher Aspekt des genitalen Charakters. Finde also heraus, ob die genitalen Charakteranteile in dir stark genug entwickelt sind. Das hier ist kein Wettbewerb in emotioneller Gesundheit. Es ist dein Leben. Es gibt keine Norm, der du gerecht werden müsstest.

»Normal neurotische« Menschen wehren den Schmerz ab und verdrängen ihn, so dass er immer wieder ihr Leben, vor allem ihr Liebesleben, vergiftet. Und so wird auch die Lust unerträglich, weil Menschen aus Angst, die Lust könnte den gut verpackten Schmerz reaktivieren, die heftige sexuelle Erregung vermeiden.

Wenn aktuell kein Schmerz da ist, kann der genitale Charakter die Lust leben, selbst auf die Gefahr, damit einen Schmerzkörper zu wecken, und es ist deine Aufgabe, beides zu sehen: zu erkennen, wann du die Lust zulassen kannst und wann ein Schmerzkörper aktiv ist. Wirklich hinsehen!

Jedes Mal, wenn du dich unfähig fühlst, deine sexuelle Lust zu leben, solltest du die Schmerzkörperarbeit anwenden. Sobald und solange du Zugang zur Lust hast, kannst du mit deinem Partner die energetische Sexualität leben, weil du es dann auch willst. Das ist das natürliche Wechselspiel zwischen energetischer Sexualität und Schmerzkörperarbeit. Das ist das Wesen einer spirituellen und sexuellen Liebesbeziehung auf der genitalen Charakterebene. Die energetische Liebe besteht also aus zwei grundsätzlichen Komponenten: energetische Sexualität und Schmerzkörperarbeit.

Werde dir also klar darüber, dass das Teilen von Lust und das Bewusstmachen des Schmerzkörpers der hauptsächliche Inhalt einer funktionierenden Beziehung ist. Für beides benötigst du eine funktionierende Liebesbeziehung. Ich sehe in persönlichen Begegnungen immer wieder, dass Menschen dazu fähig sind, einen Schritt weiterzugehen, sobald sie den Mut zeigen, die Lust zu leben und den Schmerz bewusst anzusehen.

✦

Weiterlesen

Ich habe mich seit vierzig Jahren intensiv und immer wieder unter neuen Aspekten mit verschiedenen Aspekten der Sexualität beschäftigt, und dabei ist viel Material zusammengekommen. Für alle, die weiterlesen möchten, biete ich auf meiner Webseite www.orgon.de viel Material an. Weitere Kapitel können dort in der Rubrik »Kostenlose E-Books« heruntergeladen werden.

Wenn die Welle bricht –
Wilhelm Reich und die Funktion des Orgasmus
Eine Neubewertung

Es ist die Funktion des Orgasmus, hohe Energieladungen, die im Körper gespeichert sind, lustvoll zu entladen. Das ist die zentrale Entdeckung Wilhelm Reichs gewesen, als er in jungen Jahren zum Schüler Sigmund Freuds geworden war.

Die körperliche Energie-Entladung im Orgasmus, die alle Menschen subjektiv als lustvolle Sensation erleben, hatte Reich als erster Arzt genauer nach vielfältigen unterschiedlichen Gesichtspunkten erforscht: Was findet eigentlich physiologisch und seelisch beim Orgasmus statt?

> Das Thema Sexualität geht seinem Wesen nach quer durch alle wissenschaftlichen Forschungsgebiete. Im Zentralphänomen, dem sexuellen Orgasmus, treffen sich Fragestellungen aus dem Gebiete der Psychologie ebenso wie dem der Physiologie, aus dem der Biologie nicht minder wie dem der Soziologie. Es gibt in der Naturwissenschaft kaum ein zweites Forschungsfeld, das derart geeignet wäre, die *Einheitlichkeit des Lebendigen* darzubieten und vor engem, trennendem Spezialistentum zu bewahren. Die *Sexualökonomie* wurde eine selbständige Disziplin, mit eigenen Forschungsmethoden

und neuen Tatsachen ausgestattet. Sie ist eine *naturwissenschaftliche, experimentell fundierte Theorie der Sexualität. (Wilhelm Reich, Die Entdeckung des Orgons – Die Funktion des Orgasmus, S. 13)*

Sexualität und Spiritualität

Es gab in den letzten zwei Jahrzehnten eine deutliche Hinwendung zu neuen Formen, Sexualität und Spiritualität miteinander zu verknüpfen, am deutlichsten ausgeprägt in den verschiedensten Angeboten des »Neo-Tantra«, ausgelöst vor allem durch den indischen Guru Osho und seine Schüler, die sich »Sannyasins« nennen.

Nachdem *die Sexuelle Revolution* der 70er Jahre in den 80ern weitgehend stagniert war und in Kommerzialisierung, Pornographie und Frustration geendet hatte, brachte die Neo-Tantra-Bewegung in den 90er Jahren einen völlig neuen Schwung in die Diskussion dessen, was die Qualität von Sexualität ausmachen kann. Das halte ich für sehr erfreulich. Aber damit hat meine Freude über Neo-Tantra auch schon ihre Grenze erreicht.

Ich kann nicht leugnen, dass ich den Tendenzen des Neo-Tantra überaus kritisch gegenüberstehe. Ich habe dies in meinem Buch »Sexuelle Liebe im JETZT – Tantra und die zweite sexuelle Revolution« beschrieben und werde das hier nicht noch einmal in dieser Ausführlichkeit wiederholen. Dennoch möchte ich einiges über den Zusammenhang zwischen Spiritualität und Sexualität sagen, einfach, weil es ein wichtiger Aspekt des Lebens von vielen derjenigen ist, die heute fünfzig oder sechzig Jahre alt und älter sind. Diese Generation ist diejenige, die in den 70ern die sexuelle Revolution erlebt und gestaltet hat und die in die Welt hinausgezogen ist und neue (alte) spirituelle Traditionen in diese Kultur gebracht hat.

www.orgon.de

Die Lebensenergie, ihre Wahrnehmung und die Arbeit mit Orgonenergie in den verschiedenen Bereichen des Lebens hat meine Arbeit in den letzten vier Jahrzehnten bestimmt. Ich habe auf www.orgon.de vieles dazu veröffentlicht: über Wilhelm Reich, Orgonakkumulatoren, mediale Gespräche mit Reich und vieles mehr. Dort sind Hunderte von Artikeln und viele Bücher, Hörbücher und neuerdings auch Videos abgelegt. Ich lade dich herzlich ein, auf meinen Seiten herumzustöbern.

Über den Autor

Ich habe mich seit etwa vierzig Jahren intensiv mit dem Werk Wilhelm Reichs beschäftigt, seine Geräte hergestellt, viele Bücher über die Lebensenergie und über spirituelle Themen veröffentlicht und betreibe seit 1994 mit www.orgon.de eine umfangreiche Webseite zum Thema Lebensenergie.

Wilhelm Reich hat mir die Natur – auch meine eigene – so erklärt, wie ich sie erlebe. Warum dieser weise Ansatz, die Welt zu verstehen, mich schon immer so angezogen hat, habe ich erst in den letzten Jahren verstanden. Er bezieht sich auf das grundsätzlich Gesunde im Menschen, das sich selbst regulierende Lebendige – er spricht in mir den genitalen Charakterkern an, »das Herz«. Das ist die Ebene, die nicht von Blockaden verzerrt ist, die einfach lebt und sich des Lebens freut. Ich habe verstanden, dass diese lebendige Ebene, die er »den Kern« nennt, in allen Menschen vorhanden ist. Manche können ihn deutlicher wahrnehmen und leben als andere. Er repräsentiert das strahlende, gesunde, wache, freundliche Wesen, als das sich jeder im Innersten empfindet.

Die andere Ebene der Erfahrung, mit der ich lange Jahre experimentiert habe, sind viele unterschiedliche spirituelle Wege, die ich meist sehr intensiv studiert und praktiziert habe, unter anderem Transzendentale Meditation, tantrischer Buddhismus, der »Kurs in Wundern«, Eckhart Tolle, Jed McKenna und Barry Long. Und ich habe vor vielen Jahren eine Ausbildung zum Religionslehrer gemacht, jedoch nie damit praktisch gearbeitet.

Die spirituellen Lehrer und Lehren haben mir nur teilweise geholfen. Vieles wurde durch sie auch verschleiert, und sie haben mich oft zu großen Umwegen verführt. Inzwischen verstehe ich, dass spirituelle Lehrer und alle vorgefertigten Wege keine echte

Verwirklichung ermöglichen. Mein eigener Weg führte mich zur Erkenntnis, dass ich auf der Seelenebene ein Wesen aus reiner Energie bin. Diese Erkenntnis kommt nicht durch verstandesmäßiges Wissen zustande, sondern durch die reale, sinnliche, energetische Wahrnehmung, in der sich die Seele selbst erkennt.

Einzelberatungen und Seminare

Die Themen, die ich in diesem Buch angesprochen habe, betreffen bei jedem Menschen, der sich ernsthaft mit der energetischen Liebe befassen will, höchst persönliche Lebensbereiche. Mit einem Buch können diese Themen immer nur angerissen werden, bleiben im Allgemeinen. Wenn es darum geht, alles das, was ich hier angesprochen habe, im eigenen Leben umzusetzen, haben sich persönliche Gespräche immer wieder als sehr nutzbringend herausgestellt. Ich stehe daher gerne auch für persönliche Gespräche zur Verfügung.

Ich habe in den letzten zwanzig Jahren viele Seminare zu Themen der Orgonomie und zur Energiewahrnehmung durchgeführt und werde das auch weiterhin von Zeit zu Zeit anbieten. Für die Themen »Sexuelle Liebe«, »Schmerzkörper« und »Gegenwärtigkeit« hat sich die Seminarform jedoch als weniger sinnvoll herausgestellt. Diese Themen möchte ich nur noch in Einzel- und Paarberatungen behandeln, da sie sehr viel mehr Intimität und Konzentration auf die Situation des einzelnen Menschen oder des Paares erfordern, als dies in einer Gruppensituation möglich und umsetzbar ist.

Auf www.orgon.de findest du die Bedingungen zur Anmeldung. Meine Preise halte ich bewusst so gering, dass sich jeder eine Einzel- oder Paarberatung auch leisten kann. Die erste Stunde ist immer kostenlos. Wir können in Ruhe besprechen, über welche Themen wir reden wollen oder was du von mir gezeigt bekommen möchtest. Du kannst im Engel-Energie-Akkumulator sitzen, eine Orgondecke benutzen und in der ruhigen Atmosphäre dieses besonderen Ortes ankommen – ich lebe und arbeite in einem verträumten, kleinen, uralten Fachwerkhaus auf einem Reiterhof, direkt an der wunderschönen Barockkirche Steinhausen (bei Bad Schussenried, das liegt zwischen Ulm und dem Bodensee).

Weitere Titel bei Neue Erde:

Echte, tiefe Begegnungen im Jetzt

Dieses Buch will aufklären, aber kein weiterer Sexual-Ratgeber sein. Es zeigt auf, dass die »sexuelle Revolution« zwar gesellschaftlich vieles bewegt hat, in den Betten jedoch meist immer noch »Opas Sex« vorherrscht. Es bedarf eines weiteren Schrittes, einer »zweiten sexuellen Revolution«: über die Neo-Tantra- und Therapiebewegung hinaus zu einer echten Begegnung der Partner in tiefem körperlichen, seelischen und emotionellen Kontakt; nicht mehr »Sex machen«, sondern das Lebendige zulassen, das einfach leben will – im Jetzt!

Jürgen Fischer
Sexuelle Liebe im Jetzt
Tantra und die zweite Sexuelle Revolution
Paperback, 224 Seiten
ISBN 978-3-89060-656-9

Aus der Kraft des Herzens leben

Schon mit seinem Erfolgsbuch »Chakren« hat Shai Tubali gezeigt, dass er weiß, wie eng Seele und Körper zusammengehören. In diesem Buch richtet er seine ganze Aufmerksamkeit auf das Herz. Die Übungen, die jedes Kapitel begleiten, hat der Autor vielfach in seinen Kursen und Retreats erprobt.

Shai Tubali
Die 7 Herzgeheimnisse
Leben in Vertrauen und Liebe
Klappenbroschur, 128 Seiten, mit vielen Farbfotos
ISBN 978-3-89060-759-7

Zu einem umfassenden Erleben von Sexualität

Was ist eine ursprüngliche Sexualität? Wie tief kann Sexualität zwei Menschen berühren und sie auch mit der Erde und allem Sein verbinden? Und was hat Sexualität mit Ökologie zu tun? Welche Rolle spielt sie bei unserer Suche danach, wieder im Einklang mit der Natur zu leben? Ohne ein Feigenblatt vor den Mund zu nehmen, geht die Autorin in ungewöhnlicher Konsequenz diesen Fragen nach. Dabei eröffnet sie uns unvoreingenommene Blicke ins Tierreich, in die alten Hochkulturen und das Leben gegenwärtiger Stammesvölker. Ergänzt wird dieser Essay durch Ansatzpunkte, wie dieses uralte Wissen unser heutiges (Sex-) Leben bereichern kann.

Dolores LaChapelle, Hrsg. Andreas Lentz
Sexualität – Der vergessene Schlüssel zur Versöhnung von Mensch und Erde
Paperback, 128 Seiten
ISBN 978-3-89060-587-6

Diese lebendige Erde…

Die Vorstellung vom Menschen als dem denkenden Wesen und vom Rest der Welt als der unbewussten Biosphäre ist noch relativ jung – und völlig falsch. In ihrer Rückschau in die Menschheitsgeschichte, durch ihre Fragen, was Geist, Gehirn und Denken eigentlich sind, und in ihrer Betrachtung der Lebensstufen des Menschen legt Dolores LaChapelle überzeugend dar, dass nur-menschliches Wissen allein nicht ausreicht, um ein globales ökologisches Gleichgewicht zu erreichen. Vielmehr muss sich unser menschlicher Geist wieder dem Geist-im-Großen, der Weisheit der Erde anschließen.

Dolores LaChapelle
Weisheit der Erde
Von der Erde lernen heißt leben lernen
Paperback, 384 Seiten, mit 25 s/w-Fotos
ISBN 978-3-89060-610-1

Sich selbst zu lieben ist der Schlüssel

Haben die Ereignisse Ihres Lebens Sie schon gelehrt, sich für sich selbst zu öffnen, so, wie Sie sind, für den anderen so, wie er ist, für das Leben so, wie es ist? Das sind die Fragen, die die Liebe stellt, damit Sie lernen, anstelle von Illusionen und Märchen wirkliche Dinge liebzuhaben.

Solange Sie in der Liebe noch Mangel erfahren, liegt das nicht daran, dass nicht genug Liebe da ist, sondern daran, dass Sie immer noch außerhalb von sich nach etwas suchen, was Ihnen innen fehlt. Das Universum ist barmherzig und gerecht. Es gibt keinen Mangel an Liebe, allein ein Mangel an Einsicht. Dieses Buch ist eine Ode an die Liebe, die Sie sind.

Annemarie Postma
Das tiefere Geheimnis der Liebe
The Deeper Secret of Love
Pappband mit Lesebändchen, 144 Seiten
ISBN 978-3-89060-596-8

Es ist Zeit für ... The Deeper Secret

The Secret ist seit vielen Monaten in den Bestsellerlisten. Unzählige Menschen haben das Buch gelesen. Und was hat es bewirkt? Wunder gewiss nicht. – Und das ist auch kein Wunder, denn das »Gesetz der Anziehung« ist nur eines von zwölf universellen Gesetzen. Diese zwölf Gesetze hat die in den Niederlanden sehr erfolgreiche Autorin in diesem Buch lebens- und praxisnah beschrieben. Und sie stellt klar: Diese Gesetze zu kennen und im eigenen Leben anzuwenden ist kein Fingerschnippen, sondern ein Prozess lebenslangen Lernens und Übens. Und dazu ist ihr Buch ein Wegbegleiter, den man immer wieder zur Hand nehmen sollte.

Annemarie Postma
The Deeper Secret
Das Tiefere Geheimnis
Pappband mit Lesebändchen, 160 Seiten
ISBN 978-3-89060-581-4

Verschüttetes freilegen – Abgeschnittenes wieder mit uns verbinden

Es ist ein Befreiungsweg, der sich eröffnet, wenn wir das Verdrängte, das Unterdrückte, das Abgetrennte, das Ausgeplünderte, das Abgeschnittene und Nichtgelebte in uns freischaufeln und ausgraben, damit wir uns der eigenen intuitiven weiblichen Kraft und Energie öffnen können. Es ist ein Weg, der auf allen Ebenen unseres Daseins befreiende Auswirkungen hat.

Dorit Stövhase-Klaunig
Gelebte Weiblichkeit
Befreiung der Schlangenkraft
Paperback, 160 Seiten
ISBN 978-3-89060-660-6

Weibliche Urkraft und ihre Wandlungsprozesse

Die Befreiung der Frau ist noch nicht am Ziel, denn allzu oft orientieren sich die Frauen noch an männlichen Paradigmen. Was wahre Weiblichkeit und authentisches Frau-Sein ist, erfährt die Frau nur durch den Blick in ihre inneren Tiefen und die Rückbesinnung auf den Quell des Lebens. Dieses Buch führt durch die Dunkelheit der Unterwelt zur Urkraft des Schöpferisch-Weiblichen und regt durch verschiedene Meditationen dazu an, sich mit den Elementen zu verbinden. Es macht Mut, das innere Wissen aus den Tiefen hervorzuholen.

Dorit Stövhase-Klaunig
Ins Herz der Weiblichkeit
Wandlungen mit der Mondin und den Elementen
Broschur, 128 Seiten
ISBN 978-3-89060-685-9

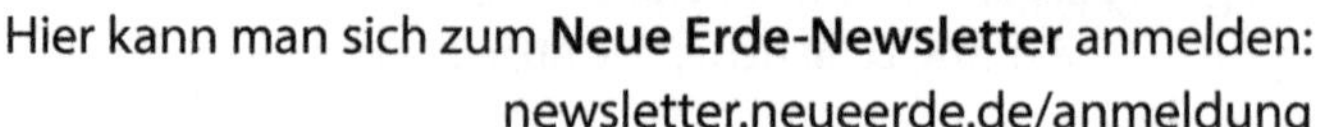

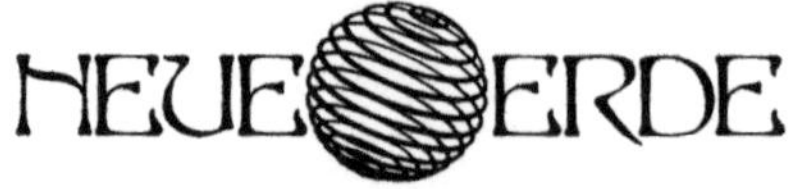